障害児保育

—自立へむかう一歩として—

山田　真

創成社新書
39

はじめに

この本は障害児保育をテーマにしています。

そんなふうにいうとなにかむずかしいことが書いてある本だと思われるかもしれませんね。でもむずかしいことをお話するつもりはありません。

障害児は保育園で健常な子どもと生活することが絶対に必要だと思っているぼくが、なぜ必要かということを皆さんにわかってもらうために手を変え品を変え、しつこくしつこくお話することがこの本の1つの目的です。そしてもう1つ、保育園には障害児に限らず、いろいろな子（たとえば外国籍の子ども）がいる空間であるべきだということ、そしていろいろな子がいる保育園での生活を経験したすべての子どもやその保護者、そしてすべての職員はとっても得をするということをみなさんに知ってほしいのです。

ぼく自身、ある保育園でもう三十数年、園医を務めてきましたが、その保育園は毎年障害児が入ってくる、とても素敵な保育園です。この保育園で仕事をさせてもらったおかげでぼくは医者としても人間としても随分成長したような気がしています。

またぼくは障害をもつ子どもの親として35年を生きてきました。35年ですから娘はもう35歳になっており、障害児ではなく障害者として自立生活を送っていますから、ぼくの手は離れています。この娘からぼくはとてもたくさんのことを教えられました。障害児と共に生きることは障害児の目の高さで世間を見ることになるので、だいぶ世間が見えるようになりました。ということは娘と共に生きる以前の健常者の目の高さで見ていた時期、ぼくの目は曇っていたのだろうということです。

なにを教えられたかを具体的にいえるかといわれるとはっきりはいえません。でもぼくの開業医としての日常の診療にどこかで生かされているはずだという確信はあります。

もう1つ、これもはっきりとどんな得をしたかはいえませんが「障害児の親になったことで得をした」と思ったことがたくさんあります。

でも障害児をもったことのない人に「障害児をもつと得をする」なんてことはなかなか想像しにくいでしょうし、「障害児と生きる人生って味がある」などといっても「どんな味よ、気持ち悪い」と返されそうな気がします。

障害児保育を実践するとか、味があるとかいってもやはり実感をもって共感されることは少ないと思います。それでもぼくはできるだけ多くの保育園で障害児保育が行われてほしいと思っています。

ところで今ふり返ってみると、三十数年前、ぼくの娘が保育園へ入園した当時各地で「障害児保育」へ向けられていた情熱といったら大したものだったと思います。それにくらべて昨今は障害児保育について語られることも明らかに少なくなっています。障害児保育の延長としてあった障害児の普通学級への入学についても30年前にはあちこちで入学運動がみられましたが今はめっきり少なくなっています。それが、障害児の普通学級入学が容易になり定着したからだということならぼくとしても気持ちが落ちつくのですが、事実としては障害児が普通学級へ入学するケースも減っているようです。

制度としては障害児に対して特別支援教育という新しい形の教育がはじめられ、その形式は保育園へももち込まれるかもしれませんが、特別支援教育に対してはぼくは反対しています。その理由は本文を読めばわかっていただけると思いますが、ともかく、障害児に対しては厳しい世のなかです。

そこでこの本では「障害児保育の歴史をふり返ってみれば今の課題を考えるのに役に立

つはずだ」と考え最初に歴史的な事実について少々詳しくふれてみることにしました。また障害児保育の開始を遅らせた感のある「保育に欠ける」という法律中の言葉についても手間をかけて考えてみることにしました。

そのあたりは少々理屈っぽく抽象的な話になっていますが一方、今、巷で話題になっている発達障害については相当詳しくふれていますので興味のある方には役立つのではないかと思っています。

それではみなさん、ぼくと一緒に障害児保育について考える時間を作ってみてください。

２０１０年2月

山田　真

目次

はじめに

第1章　「障害」をめぐって――1
「障」害という言葉について／障害の定義／障害児保育とは

第2章　障害児保育の歴史をふり返る――15
障害児保育がはじまったころ／障害児保育の歴史／戦後の保育事情／今、障害児保育は／これからの障害児保育

第3章　「保育に欠ける」ということについて――42
障害児保育を阻んだもの／「保育に欠ける」を考える／3歳児神話とは／「保育に欠ける」の問題点／新たな保育所保育指針では

第4章　障害児にとって保育園へ通うことの意義――63
障害児の親になったら／保育園に入れるのがなぜよいか／インクルージョンの時代に／サラマンカ宣言とウォーノック報告／障害児を弱者ととらえない／将来の自立生活に向けて／障害児自身が決める／障害児にもたくさんの選択肢を

第5章　障害児保育が健常児にも学びとなること――90
健常児にとっての障害児保育／交流で注意すべきこと／幼児期に障害児を知っておくことの意義

第6章　さまざまな障害と保育――102
さまざまな障害について知ろう／訓練の問題点／自閉性障害／自閉症スペクトラム当事者の声／自閉症スペクトラムの子どもを理解する／もう1つの当事者の声

第7章　LDとADHD――157
まず学習障害について／ADHDとは／差異のディレンマ／ADHDというラベリング

第8章　実践から学ぶ——187
１９７４年　町田の保育／安来市の障害児保育
あとがき　205
参考文献　209

第1章　「障害」をめぐって

障害児保育について具体的にお話する前に、いくつかふれておかねばならないことがあります。

それは「障害」という言葉、文字の問題、あるいは「障害の定義」、さらには「障害児保育とはどんな形の保育を指すのか」といったことです。

これらのことにふれると抽象的な話になりがちなのでできるなら避けたいのですが、そうもいかないという事情があります。たとえば「障害という字は差別的ではないか。なぜこの字を使うのか」といった抗議が寄せられることも予想されるからです。そこで少々退屈かもしれませんがしばらくおつき合いください。

「障」害という言葉について

まず「障害」という言葉、文字の問題です。

たとえばぼくの手もとにある『障碍児保育・30年』（ミネルヴァ書房）という本ではタイトルをはじめとして本文中でもすべて、障害という文字を使わず障碍という文字が使われています。この表記のしかたは最近多くなっていますが、もっと多くなっているのは「がい」に当たる部分を漢字で表記せず平仮名のまま表記して「障がい」とするものです。障害児の場合は「障がい児」と表記されるわけですが、この表記にぼく自身はなんとなく違和感を感じるのです。

たしかに「障害」という言葉、障という漢字や害という漢字にはマイナスイメージがはりついているとは思います。

とりわけ「害」という字が、障害をもつ人を「社会にとって害になる人、じゃまな人」という扱いにする感じがあるということでこの字を使わないとする人が多くなっています。

しかし、かわりに「碍」の字を使ってもやはり「じゃま」という意味になりますし、平仮名で「がい」としたところで、「では漢字でどう表すの」と問われれば「害です」と答えざるを得ません。なんだか言葉遊びをしているようで、こうした書き換えで障害をもつ人が生きやすくなるようにも思えません。

「しょうがい」という言葉全体を変えるのが最善かもしれませんが、さてどう変えたらいいのかということになるとむずかしそうです。

地方自治体のなかには公文書などに「障害」という言葉を記載する場合は「障がい」と表記するように統一したところもあるようですが、この程度の行為で「わたしの県は障害者を差別しない」という表明をしているようにぼくには見えてしまい、「障がい」という表記になんとなく偽善的なにおいを感じるのです。それでこの本では障害と表記することにしました。

障害の定義

次に「障害の定義」について考えてみましょう。障害児保育は障害児を対象にした保育なのですから当然「障害児というのはどんな子どものことなのか」がはっきりしていなければなりません。つまり「障害児の定義」というものがはっきりしている必要があるのです。

障害児がどういう子どもを指すかなんて常識の範囲だから今さら学ぶ必要なんてないと思われる方もあるかもしれません。しかし、たとえば最近の状況でいうと広汎性発達障害のようなものがあたかも「障害の新顔」のごとく加わってきたりして、それと共に障害児の範囲も広がっています。こうなると障害ってどのようなものをいうのかと問われて答えられる人は少なくなります。そこで、今、障害はどんなふうに定義されているかをお話しておきます。

障害はかつて「人間が生まれつきあるいは生まれた後の生活のなかで病気や事故を経験し、その後遺症としてもつことになった1つの状態」というふうに定義されていました。しかしこういう定義では不十分ということで1980年にWHOが「国際障害分類試案」というものを作成しました。

ここでは病気などの帰結としての障害を次の3つのレベルで示しました。

(1)機能障害―生理的または解剖学的な構造または機能のなんらかの喪失または異常

(2)能力障害―人間として正常とみなされる方法や範囲で活動していく能力の(機能障害に起因する)なんらかの制限や欠如

(3)社会的不利―機能障害や能力障害による結果として、その個人に生じた不利益であって、その個人にとって正常な役割を果たすことが制限されたり妨げられたりすることこの試案での特徴は障害による社会的不利ということを強く押し出した点です。社会的不利はもとの英語ではハンディキャップですが、障害がある人というのはこの社会のなかでハンディキャップをもった人であるということです。

逆にいえば社会的に不利なことが起これば障害とみなすべきだし、なにも不利なことがなければ障害と考えなくてもいいということです。このことを少しわかりやすく説明しておきましょう。

障害児をもつ親のなかには「自分の子どもは障害児ではない。ふつうの子どもだ」と考えている人がいます。障害児というラベルをはると世のなかで差別や偏見にさらされることがありますし、子ども本人も傷つくことがありますから、障害児とみなさないでふつうに生きようと考える保護者もいるのです。

しかし、日本ではなんらかの助成を受けようとすれば障害児と認定されることが必要になります。

障害児と認定され等級判定を受け手帳を取得するという一連の手続きをしないとなんの援助も助成も受けられませんから、認定されたくない親もやむを得ず子どもに判定を受けさせるのです。障害児保育制度を利用しようとするときも、子どもが障害児と認められているということが入所条件ですから、それまで判定を受けていない場合は新たに判定を受けなければなりません。

外国では「障害があるから」と自己申告しさえすれば判定なしで助成などが受けられるところが多いともいわれていますが、日本もそうなるといいと思います。

またたとえば慢性病の子どもは障害児として扱われないため、保育園へ入れなかったり、入っても保育士の加配がとれなかったりしますが、障害児として認定されているかどうかではなく、配慮が必要な子どもかどうかで柔軟に対処されるべきだと思います。

少し話がそれてしまいましたが、WHOの試案をもとにすると障害というのは「生理的または解剖学的な構造や機能の喪失、異常や人間としての活動能力の制限、欠如などがあるために社会的な不利益を受けている状態」ということになります。

しかしこれではあまりにも抽象的でわかりにくいですね。

法的には障害がどう規定されているか見ておくことにしましょう。まず障害者基本法という法律の第二条に次のように書かれています。

「この法律において『障害者』とは、身体障害、知的障害又は精神障害があるため社会生活に相当な制限を受ける者をいう」

ここでは身体障害、知的障害、精神障害の3つがまとめて障害と呼ばれることがわかりますが「相当な制限を受ける」といういい方はあいまいで「相当」かどうかは人によって判断が異なりそうです。

さて次に身体障害、知的障害、精神障害といってもそれぞれ大づかみな概念になっているのでもう少し具体的に見ていくことにしましょう。

身体障害については、18歳以下の人については児童福祉法に規定があり、18歳以上の人については身体障害者福祉法に規定があります。児童福祉法では第四条に「この法律で、障害児とは、身体に障害のある児童または知的障害のある児童をいう」と規定されているだけで、それ以上詳しくはふれられていません。しかし身体障害者福祉法の方では極めて具体的にふれられています。この法律で身体障害とされているのは視覚障害、聴覚障害、音声機能障害、言語機能障害、そしゃく機能障害、肢体不自由、心臓・じん臓または呼吸器の機能の障害などです。

そして視覚障害については「両眼の矯正視力が〇・一以下のもの」「一眼の矯正視力が〇・〇二以下、他眼の視力が〇・六以下のもの」など具体的に「この程度のものを障害と定める」という基準が示されています。聴力障害についても同様に、「両耳の聴力レベルがそれぞれ70デシベル以上のもの」とか「一耳の聴力レベルが90デシベル以上で他耳の聴力レベルが50デシベル以上のもの」というふうにはっきり基準が示されています。

肢体不自由の場合も、「一上肢、一下肢又は体幹の機能の著しい障害で、永続するもの」「一上肢のおや指を指節間関節以上で欠くもの又はひとさし指を含めて一上肢の二指以上をそれぞれ第一指節間関節以上で欠くもの」などととても明確に基準が示されています。

こうして見ると視覚障害、聴覚障害、肢体不自由などは〝わかりやすい障害〟といえるでしょう。

しかし、知的障害になると児童福祉法を見ても知的障害者福祉法を見ても定義はされていません。

今、知的障害とはどういうものかを説明するために使われているのはアメリカ精神医学会が発行している診断統計マニュアルです。

そこでは次のようなものが知的障害の定義になっています。

(a) 明らかに平均以下の知的機能であること

(b) 社会への適応機能がその子どもの年齢に対して期待される水準より低いこと

（c）18歳未満で発生すること

なにか漠然とした印象があるでしょう。〝明らかに平均以下〟とか、〝期待される水準〟とか、科学的とはいえない表現になっていますが、こう表現しなければならないくらい知的障害は定義がむずかしいということです。ここで平均以下の知的機能といわれているのは具体的にいうと知能指数（ＩＱ）がおよそ70以下のこととなっていますが、知能指数という測定法に問題があると批判する人もいますし、ＩＱ70なら知的障害で、71なら正常というふうにいえるのかなど問題含みの基準です。

アメリカ精神医学会診断統計マニュアルでは知的障害をさらにわけています。

軽　度　知能指数　50〜55からおよそ70まで

中　度　知能指数　35〜40から50〜55まで

重　度　知能指数　20〜25から35〜40まで

最重度　知能指数　20〜35以下

知的障害の場合、定義はむずかしいものの一応の定義はあります。もっとむずかしいのは発達障害といわれるものです。

発達障害については後で詳しくお話しますが、最近新しくつけ加えられた障害といってよいかもしれません。

法的な観点からいうと、２００４年12月に発達障害者支援法という法律ができて、そこで定義がされています。

同法第二条を次に紹介します。

〔定　義〕

第二条　この法律において「発達障害」とは、自閉症、アスペルガー症候群その他の広汎性発達障害、学習障害、注意欠陥多動性障害その他これに類する脳機能の障害であってその症状が通常低年齢において発現するものとして政令で定めるものをいう。

発達障害と呼ばれるもののなかにはいろいろな障害が含まれていることがわかります（ここに出てくるもののうち学習障害は英語の Learning Disabilities を略したＬＤという略称が一般に使われていますし、注意欠陥多動性障害はやはり英語の Attention Deficit Hyperactivity Dysfunction を略したＡＤＨＤという略称が使われています。本書ではこれ以後、ＬＤ、ＡＤＨＤの略称で記載します）。

そしてそのいろいろな障害が、似たようなものではなくかなり大きくちがっているものが発達障害とまとめられていて混乱のもとになっています。

たとえば、自閉症は知的障害を伴うものなのに対し、広汎性発達障害は知的障害を伴わないことになっていて知的障害の有無は大きなちがいといえます。またアスペルガー症候群、LD、ADHDはまったく別の感じがするものでLDなどは障害と呼ぶのがおかしいように思われます。またADHDは成人になるとまったく症状がなくなることも多く、こういうものを障害と呼ぶべきではなく多動傾向とでも呼んでおけばいいようにも思われます。

障害とはどういう状態なのかについてやや詳しくお話してきました。身体障害、知的障害、発達障害などさまざまな状態に障害というネーミングをし、それを1つにまとめて定義しようとするのがかなりむずかしいことを説明したつもりです。

「心身に不便な点があってそれがある程度固定した状態であるために社会的不利を受ける人」が障害児、障害者だというふうに考えるのがよいように思います。こう考えると社会的な不利が生じないよう環境を整えれば、障害児、障害者といったラベルはりをしなくてもすむのですから。

障害児保育とは

次に障害児保育という言葉の表すものについてふれておきます。

障害児保育という言葉の表す内容については狭義と広義の2つのものがあると考えられます。

広い意味でいいますと、文字どおり障害児を保育することですから、それはいろいろな場所で行われます。ずっと家庭で育てられる家庭保育という形式もありますし、さまざまな施設での保育という形もあります。

施設での保育には次のようなものがあります。

(1) 厚生労働省所属施設での保育

(イ) 保育所

(ロ) 入所施設

(a) 知的障害児施設 (b) 育児施設 (c) ろうあ児施設 (d) 肢体不自由児施設 (e) 重度心身障害児施設 (f) 情緒障害児短期治療施設

（ハ）通園施設
（a）知的障害児通園施設（b）肢体不自由児通園施設（c）難聴幼児通園施設
（ニ）心身障害児総合通園センター
（ホ）重度心身障害児通園モデル事業
（ヘ）医療機関、福祉の相談機関
(2) 文部科学省所属のもの
（イ）幼稚部
（a）盲学校の幼稚部（b）ろう学校の幼稚部（c）知的障害特別支援学校の幼稚部
（ロ）幼稚園

このように障害児を受け入れる施設はたくさんありますが、障害児の保育をしている場所といえば保育園と通園施設、そして幼稚園ということになると思います。

そして保育園、幼稚園での保育は統合保育と呼ばれ、通園施設での保育は分離保育と呼ばれます。

この本では保育園、幼稚園での統合保育を障害児保育と呼び、統合保育について考えていくことにします。

以上、前提に当たる部分が長くなってしまいましたが、具体的に統合保育についてお話していくことにしましょう。

第2章　障害児保育の歴史をふり返る

障害児保育がはじまったころ

ここに1つの過去を回想する文章があります。

「当市における障碍児保育の取り組みは、一九七六年（昭和五一年）四月、心身に障害があるという情報もないまま二歳八ヶ月のA児が入所してきたことがきっかけとなりました。

D保育所に入所してきたA児に対して、担任はどこか妙な感じがあるという直感的な印象を持ちましたが、それ以上の判断を避け、未満児の発達の個人差を考えて関わろうと思いました。しかし、入所後一週間もしないうちに、他の子どもには見られない変わったところがあると気になりはじめ、また二歳八ヶ月にしては一つひとつ手が掛かると感じはじめていました。そしてそのうえに、明らかに発達上の遅れがあるという見方が固定化してしまい、周りの子と比べて『できないこと』に目がいき、『これもできないのだ』という目で見るようになっていきました」

この文章の最初に出てくる当市というのは島根県の安来市で、安来市は障害児保育に熱心に取り組んできた市として有名なところです。

その安来市公立保育所保育士会が鯨岡峻さんとの共編で出された『障碍児保育・三十年』（ミネルヴァ書房）の冒頭近くにこの文章は出てきます。

安来市で障害児保育への取り組みがはじまったのが1976年ということですが、この時期がちょうどわが国での障害児保育の黎明期であったということをぼく個人の経験と重ね合わせて思い返します。ここでぼく個人にかかわることを少しお話ししておきましょう。

ぼくは3人の子どもを育てましたが、一番上は女性で、彼女は障害をもっています。1歳になる前に血液の難病にかかり、1歳半の頃に左半身が麻痺しました。知的障害、てんかんもあって重複障害と呼ばれる障害です。娘が生まれたのが1973年ですから1976年には3歳になっていました。

その頃、娘は訓練などのできる通園施設に通っていましたが、ぼくの連れ合いは娘をふつうの保育園に通わせたいと考えていました。しかし当時ぼくたちの住む西東京市（当時は田無市といっていました）では障害児が保育園へ入ってはいませんでした。

そこで連れ合いは自分で保育園を立ち上げようと思い立ち、15人ほどの子どもが通う小規模の共同保育所を作りました。娘はその共同保育所C通園施設の2カ所に通いましたが、どちらも小規模な施設であるためたくさんの同年齢の子どもたちと生活を共にすることになりませんでした。連れ合いは「やはり公立の保育園へ娘を入れたい」と思い、入園運動をする決意を固めました。ぼくも連れ合いの熱意に押し出されるような形で入園運動をはじめる気分になりました。

連れ合いは入園運動をはじめる前に先進的な地域を見ておきたいということで滋賀県の大津市と大阪府の東大阪市に出かけ見学をしました。

その経験を生かしてその後ぼくたちは田無市で障害児保育を実現させるための運動をはじめました。そして1975年にぼくの娘ともう1人ダウン症の5歳児とが田無市で最初の障害をもった保育園児となりました。すなわち田無市での障害児保育がはじまったのです。

それは当時全国的に障害児保育が1つの大きな流れとなって進められようとしていたことの反映だといえます。

創始期というものは1つのエネルギーをもっています。1970年代は障害児保育に向かって一種、熱気ともいえるものを感じられる時代でした。障害児保育をなぜ行うべきなのかといったことが日本のあちこちで熱をもって語られていたのです。

そして40年ほども経とうとしている今、障害児保育園を行っている保育園、幼稚園の数はとても多くはなりましたが、障害児保育への取り組みの姿勢、さらに障害児保育を通して社会のありようを考えていくといった試みは弱くなってしまっているように思われます。

これからぼくは障害児保育40年の歴史をふり返り、改めて障害児保育の意義について考えてみることにします。

障害児保育の歴史

では障害児保育の歴史についてふり返ってみましょう。

すでにお話したように、障害児保育が本格的に取り組まれるようになったのは1970年代のことでしたがそれ以前はどうだったのでしょうか。

障害児がどのように幼児集団のなかで生きてきたかを見るには、幼稚園、保育園のそもそものはじまりの時期からふり返る必要があるでしょう。健常児も障害児も含めた、保育の歴史については後で「保育に欠ける」という問題について詳しくお話するときにじっくりふれてみようと思います。ここではまず、障害児の保育状況ということに焦点を当てて考えてみることにしましょう。

今日保育所と呼ばれているものはかつては託児所と呼ばれていました。ぼくが子どもの頃、託児所という言葉は残っていたように思いますが託児所のはじまりは1890年（明治23年）創設の新潟静修学校付設施設だったといわれます。

また、1915年には東京の二葉幼稚園が二葉保育園と改称され、これは教育的機能をあわせもった託児施設でした。

そして日露戦争の頃には200カ所ほどの託児所ができましたが戦争終結と共に閉鎖され、大正初期（1910年代のはじめ）には数カ所に減ってしまったといわれます。

1919年頃から23年頃にかけて京都市のスラムと呼ばれる地域に託児所が開設されていきました。しかしこれらの託児所は個人によって開設されたもので公的に作られたものではありませんでした。

1929年（昭和4年）になって、救護法という法律ができ、社会福祉施設が公費で運営されるようになりましたが、運営される社会福祉施設は養老院、孤児院、病院で託児所は含まれていません。

救護法第一二条は「幼育居宅救護を受くべき場合において哺育上必要ありと認めるときは、幼者と併せ其の母の救護をなすことを得」となっていましたが、救護の内容は金銭や物品の給付といった経済扶助で、託児サービスはありませんでした。

つまり戦前は、極貧のために生命が危い状態になった幼児以外、国によって保障されることはなく、託児所はもっぱら民間の手によって運営されていたのです。

このような状況のなかで障害児はどうなっていたかということについて、中西綾子さんはこうした民間の託児所からも障害児は排除され、家庭で保育ないし放置されるか障害児福祉施設で対応されるかであったといいます。

しかし石毛鍈子さんは、「民間託児所は障害児も共に暮らす場として開かれていた」といいます。

たとえば1938年（昭和13年）発行の「社会事業研究」という雑誌にのっている法政大学が行った調査を見るとそのことがわかります。

この調査では東京市（当時）の託児所および幼稚園に在籍する子どもについて知能指数

を調べた結果がのせられています。それは次のようなものです。（「貧困児」については合計すると１０５％になってしまいますが、これは原典記載のままです）

知能指数	貧困児（%）	普通児（%）
130以上	3	16
110～129	22	48
90～109	49	34
70～89	28	2
50～69	3	0

これで見ると、知的な障害をもつ子どもも託児所、幼稚園にふつうに在籍していたことがわかります。

また１９３７年11月には日本保育大会が開催され「託児所令要綱」が答申されましたがこのなかにも注目すべき文言があります。

託児所令要綱の内容は次のようなものでした。

一　託児所の助成

一　保育年令の低下
一　人口分布に応じたる託児所の増設
一　託児所指導機関の設置
一　乳幼児保健設備の普及
一　託児所看護婦の設置
一　栄養食給与特別助成
一　幼児情操教育の徹底
一　田園保育の奨励
一　虚弱児並心身異常児に対する特別保育
一　両親殊に母性教育機関の拡充

〃虚弱児〃や〃心身異常児〃も保育の対象としてちゃんと掲げられているのがわかります。

このことについて石毛さんは次のようにいいます。

「このように障害をもつ子どもたちも、託児所や幼稚園で一般の子どもたちと共に保育を受けていた事実は、当時の地域社会で、障害児が障害を理由として必ずしも隔離されていたのではないことを示唆する。幼児の世界には、障害を揶揄したりいじめたりという関係が、おそらく日常的にあったであろう。

身体的な異形や成長の遅れに対する蔑視は、社会に根深く存在するものであるから。しかし今日のように、子どもたちの遊びや保育の日常の生活から、障害児の生活がまるごときり離される関係はなかったものと思われる」

しかしこのような牧歌的ともいえる状況は就学年齢以前の子どもにみられるもので、就学すると障害児は公教育の場からはずされ、健常児とふれ合うことができなくなっていました。

古く、1900年（明治33年）に出された小学校令という勅令では、障害児は就学を免除あるいは猶予されるということになっていたのです。

小学校令第三三条は次のようになっています。

学令児童瘋癲白痴又ハ不具廃疾ノ為就学スルコト能ハスト認メタルトキハ市町村長ハ監督官庁ノ認可ヲ受ケ学令児童保護者ノ義務ヲ免除スルコトヲ得

学令児童病弱ヌハ発育不完全ノ為就学セシムヘキ時期ニ於テ就学スルコト能ハスト認メ

タルトキハ市町村長ハ監督官庁ノ認可ヲ受ケ其ノ就学ヲ猶予スルコトヲ得
市町村長ニ於テ学令児童保護者貧窮ノ為其ノ児童ヲ就学セシムルコト能ハスノ認メタルトキ亦前二項ニ準ス

近代公教育というものは、発足当初から国力を強めるための人材を養成することを目的としていたといってよいでしょう。そのような公教育のなかで将来の人材として役立つことが期待されない障害児は就学の必要性を認められなかったのです。

ではそのように公教育からはずされた障害児はどう処遇されたかといえば施設に収容されたのでした。

1900年（明治33年）に制定された感化法によって感化院と呼ばれる保護施設が作られましたが、その1つである兵庫県土山学院に収容されていた子どもは次のように分類されました。

（イ）精神も身体も生来はまったく異常なかりしも境遇のために精神の発育を障害されしもの　46・8％
（ロ）主として遺伝によるもの、すなわち低能児、痴愚、変質者、軽度の精神病者にして遺伝と認むるもの　45・2％

（ハ）感覚器具の他の身体的疾病の影響によるもの　7・9％

感化院は、「遊蕩、悪行の児童に勤勉、改善を奨励し、実業上の教習を施す」ことを目的に作られた施設で今でいえば少年院に当たるものですが、実際には収容されている子どもの過半数が障害児だったということです。

感化院とは別に教育施設も作られました。

1891年（明治24年）、東京に滝野川学園が創設されましたが、これは「低能児教育施設」でした。低能児教育施設は1940年には全国で10カ所以上作られています。

その1つである桃花塾（大阪）の塾長である岩崎佐一は「器官の障礙や、疾病等の為に心身の発達に障礙を受け、或いは不完全に基づく精神的活動に異常を呈している児童」に「異常児教育」が必要であると主張しましたが、その異常児教育の内容は、養護と教授と訓練による職業教育、職業の実地演習でした。

このような教育による効果について岩崎が述べている内容は注目に値します。

岩崎は効果を3点にわたって述べています。

まず第一は「教育革新上からみた効果」で次のようにいいます。

「今日国民教育の振興が、国家政策上の根本問題として、益々之れが改善発達を企図するの必要なるは、敢えて之れを云うを安せざるべく、此の立場よりして、心身の発育不完全にして、普通健全なる児童と、到底共に教育する能わざる者を同一に教育せんとするは一方国民教育の進行を妨げるため、異常児教育は、一般教育の革新上、実に重大なる問題」というのです。

第二に「社会改良上からみた役割」です。岩崎は「社会が発達して、人生を幸福に導くには、社会を組織せる分子を堅実ならしむることが根本的要件」であるから、「他日社会の厄介者たる運命を持てる異常児を救済して彼らに自活の道を得せしめることを得るに至らば、事前に社会の悪分子を撲滅する策となる」といいます。

第三は「刑事上の異常児教育の効果」で次のようなことになります。

「心身に障礙を受け、或は正常なる発達を遂げずして、知能の欠乏、又は道徳的意志の薄弱なるが為に、社会的生活を為すに堪えずして、遂に犯罪行為を敢えてして憚からざるものであって、幼時に於て、適当なる教養と保護とを与えたならば、決して斯くの如く世を騒がすこともない」はずだから「故に犯罪防遏の根本的手段として異常児教育は刑事政策上又非常に重且つ大なる問題であらねばならぬ」というのです。

つまり、「異常児教育」は、障害児が一般の子どもの教育の邪魔をすることのないようにして一般の子どもの教育向上を図ること、将来犯罪者となる可能性のある障害児を教育して犯罪防止を図ることなどを目標としていたのです。

ここでは、障害児は健常児と分離して教育をするのが正しいとする考え方がはっきりみられます。これは複線型の教育方式といってよいでしょうが、障害児に対しては複線型の教育が正しいという考え方（分離教育をよしとする考え方）はその後ずっと日本の障害児教育論の主流となって今に至っています。

そしてその考え方は戦後の保育行政にも強い影響を及ぼしたのです。

戦後の保育事情

では、教育の話から保育の話に戻して戦後の保育事情を見てゆくことにしましょう。

戦後になって保育所は、保育に欠ける乳幼児に対する市町村長の措置義務と、国、自治体の費用負担の法的裏づけを得て、社会施設として位置づけられることになりました。

児童福祉法第三九条は保育所の目的を「日日保護者の委託を受けて、保育に欠けるその乳児又は幼児を保育する」こととしていますが、１９６０年ころまでは保育所に入所する乳幼児について特に「保育に欠ける状況」なのかどうかを厳しく問題にすることがありませんでしたから、母親が就労していない障害児も保育所に入ることが可能でした。しかし、1961年になると保育所は「保育に欠ける乳幼児を対象としたもの」であることがはっきりさせられ、しかもその〝保育に欠ける〟というのは母親が就労している場合、母親が病気であるという場合に特定されてしまいました。

障害児の母親は障害児を育てることに手がかかるため就労できないのがふつうなので、〝保育に欠ける〟という条件を満たさず、結果的に障害児は保育所から閉め出されてしまうことになりました。この「〝保育に欠ける〟問題」については後で詳しくふれることにします。

ともかく、保育所へ入ることができなくなった障害児の親たちは既存の障害児施設への入所を求めてゆくことになりました。そして一方で、障害児のための施設は着々と準備され、さらに制度化されていきます。

1949年（昭和24年）児童福祉法第三次改正で盲ろうあ児施設新設

1950年　児童福祉法第四次改正で療育施設、盲ろうあ児施設を、盲ろうあ児施設、虚弱児施設、し体不自由児施設に変更

1957年　児童福祉法第一五次改正で精神薄弱児通園施設の制度化
1961年　児童福祉法第二一次改正で情緒障害児短期治療施設の制度化
1963年　肢体不自由児施設通園児療育開始
1965年　肢体不自由児施設における母子入園療育の開始
1967年　児童福祉法第二五次改正で重症心身障害児施設が制度化
1969年　自閉症児の療育が始まる
1972年　心身障害児通園事業開始

この一連の歴史について石毛さんは「1950年前後に施設の種別が障害の種類に対応して整理され、60年前後では収容、通園の二形態が分けられ、さらに65年前後で障害の程度に基づく施設の細分化がはかられた」とまとめています。

このような制度化の進行に比例して施設に入所したり通園したりする障害児の数は増えていきました。

1965年には施設に入所、あるいは通園している障害児の数は1、073人でしたが、1977年には6、617人に増えるというような状況でした。

こうして、「健常児は保育所へ」「障害児は施設へ」という健常児と障害児を切り離す方向性が確立されてしまいました。幼児期に切り離されるとその後も健常児と障害児は別々の場所で生活していくということになりがちです。健常児は普通学校の普通学級で学びさらに上級学校へ進学したり就職したりして広い世界へ出ていくのですが、障害児は特別支援学校や普通学校の特別支援学級などに進みその後は作業所や施設といったせまい世界で生きていくことになりがちなのです。とりわけ重い障害児は、同世代の健常児、健常者と生活を共にする機会を奪われがちです。このことが、分離保育や分離教育の最大の問題点だと思いますが、日本では「障害児は健常児と別の場で保育や教育を受ける方がいい」と考える人が多いことは、ぼくが何度も指摘していることです。

話を元に戻しましょう。「障害児は施設へ」という施策が1970年代前半まで進められましたが、いろいろな地域で「障害児も健常児と同じ場で保育されるのがよいのではないか」という声が起こるようになり、実際に統合保育の実践も行われはじめました。

先駆的で歴史的な実践は1973年に滋賀県大津市ではじめられた全障害児保育でした。大津市はこの年、市立の保育所に10名、民間保育所に21名、市立幼稚園に42名、民間幼稚園に2名の計75名の障害児を受け入れました。障害の種類や重さを問わず市内の障害児全員を保育所、幼稚園で受け入れたわけで画期的なことでした。この「すべての障害児に対して統合保育を行う」というやり方は大津方式と呼ばれ、この後、全国で「大津に続こう」という声が生まれます。

同じ1973年、東京都児童福祉審議会は「当面する保育問題について」という答申を出しそのなかで、「障害児を健常児から分離しておくことには問題点や限界がある」と指摘し「障害児を健常児と共に保育すること」を提言しました。

さらにこの1973年、中央児童福祉審議会も中間答申として「当面すべき児童福祉対策について」を出しましたがこのなかで、「統合保育を行うことによって障害のある子どももないこどもも共に発達が促される」と提言しています。

このような動きを受け、翌1974年、厚生省（当時）は「障害児保育事業実施要綱」を定めました。これは全国的に障害児保育を行うという宣言に当たるものでした。ただこの要綱では対象児童についてさまざまな制限があり、それゆえ問題点を含んだものでもありました。要綱で障害児保育の対象とされたのは「おおむね四歳以上の幼児で、保育に欠ける状況があり、かつ知的障害、身体障害などを有するが原則として障害の程度が軽く、集団保育が可能で毎日通所できる者」でした。

ここでも〝保育に欠ける〟ということが条件になっています。障害児の親は就労しにくいことをすでにお話しましたが、母親の就労か病気が入所の条件になっていればそれだけで多くの障害児の入所がはばまれてしまいます。また障害は軽度であることが条件になっておりさらに「集団保育が可能な者」という条件もついています。およそ人間であればだれでも集団生活は可能であり、集団生活をするのに一定の困難がある人でもなんらかの工夫をすればできるものです。さまざまな工夫をしてどんな人でも共に集団生活ができるようにしたのが人間だったともいえるでしょう。子どもの場合も、どんな子どももすべて集団保育は可能であり「集団保育不可能」といわれる場合は集団保育を可能にするような環境整備をする意志がないということの表明でしかありません。

この要綱では、「集団保育可能な子どもに限る」というあいまいな表現によって、手のかかる子どもの入所を制限しようとする意図が見られるように思われます。

この要綱に従って各地で障害児保育が制度化されそれぞれ要綱が作られましたがそのなかでは「集団保育になじむ子ども」という表現もよく見られました。「入所の対象となるのは障害児の中でも保育になじむ子ども」という入所条件があったわけですが、この「保育になじむ」という言葉も「集団保育可能」という言葉とほぼ同じ意味で、同様にあいまいな表現であるため拡大解釈される傾向がありました。

結局このようにして要綱は「軽度の障害児は保育園へ、重度の障害児は施設へ」という分離保育の流れを作ることになってしまったのです。

この要綱ができる以前には、重い障害をもつ子どもも保育所へ入園している地域がかなりありましたがそういう地域では要綱ができて以後、重い障害の子どもの入所が減ったりすることもあって、そこでは統合保育の一歩後退ということになったのです。

要綱にはほかにも問題点がありました。それは、障害児保育を行う保育所を限定していたことです。要綱では、「定員が九十人以上で、その中に障害のある子どもが一割程度在所している保育所に限って、保育士二人の配置と三分の一の経費補助を行う」としていました。

1割の障害児が在園する（定員100人の保育所に10人の障害児がいるということ）というのはふつうの保育所ではほとんどあり得ないことで、広い地域から障害児が集ってきてはじめてあり得るようなことです。つまり、指定された保育所でだけ障害児保育が行われる方式でこれは「指定保育所方式」と呼ばれました。

障害児は健常児にくらべて通園に手間がかかることが多いのに、近くの保育園が指定保育園でないために遠くの保育園まで通わねばならなかったりすることもあり、指定保育所方式」は矛盾ぶくみでした。

1978年6月になって厚生省（当時）は厚生省児童家庭局長通知「保育所における障害児の受入れについて」を出します。この通知によって指定保育所方式は廃止され、人数加算方式が導入されました。これは、「障害児を一人でも健常児と統合的に保育しようとする場合、子ども一人あたりの計算で補助金を交付する」という制度で、「一般保育所における人数加算の助成」という方式でした。

この通知でも、統合保育の対象となる障害児は「障害の程度が軽度で、集団保育が可能であり、日々通所できる」ということが条件になっていましたが、障害の程度が中程度の子どもまでが国庫補助の対象となりましたから障害児保育の範囲は広がったといえます。

今、障害児保育は

こうして障害児保育の基盤が作られ、1970年代を通して各地で障害児保育が進められていきました。

そして今、障害児は当たり前のように保育所で受け入れられているようですが、ときに、医療的ケアを必要とする障害児が入所を拒まれるという事態も起こっています。

しかし障害児の受け入れ状況については地域間の格差も大きく、また2003年度に補助金事業から一般財源で措置されるようになったこともあり、今後、進展どころか後退するのではないかという不安の声もうまれています。

現在、障害児保育がどのように行われているかを知る材料として東京都内のある区の障害児保育実施要綱を見ておくことにしましょう。

A区立保育園における障害児保育実施要綱

（目的）

第一条　この要綱は、A区立保育園（以下「保育園」という。）において、ノーマライゼーションの理念を尊重し適切な保育を実施することにより、心身に障害を有する児童（以下「児童」という。）について、児童の健やかな発達を促進し、もって児童福祉の向上を増進することを目的とする

（事業の実施）

第二条　障害児保育は、原則としてすべての保育園において実施する。

（対象児童）

第三条　対象児童は、次のいずれにも該当する者とする

（1）「A区保育の実施に関する条例」第二条に定める。保育の実施基準に該当する児童

（2）保育園が保育を行う上で、心身に障害を有することにより特別な配慮を要する児童

（児童の処遇）

第四条　児童の処遇については、A区障害児に関する協議会（以下「協議会」という。）において協議することができる。

（協議）

第五条　前条第一項の協議は、次に掲げる事項について行うものとする。

（1）障害の状況及び態様

（2）身体の発達・健康状態等において、特に留意すべき事項

（3）保育園での生活において、必要な介助等の内容及び程度

（4）関係機関等が連携・協力すべき事項

（5）その他必要な事項

（職員配置）

第六条　障害児保育を実施する保育園には、児童の態様及び当該保育園の実態等を勘案し、A区障害児に関する協議会において協議し必要な人員体制の整備を行うものとする。

（施設、設備の整備）

第七条　区長は、適切な障害児保育を実施するための必要な人員体制の整備を行うものとする。

（巡回指導）

第八条　区長は、処遇の向上を図るため必要に応じて、医師等による巡回指導を行うものとする。

（研修）

第九条　区長は、児童の適切な処遇等を図るため、職員に対する研修の充実に努めるものとする。

（他機関との連携）

第十条　区長は、児童の健やかな育成を図るため、関係機関との連携に努めるものとする。

（その他）

第一一条　この要綱は、入園後に障害を有することが判明した児童にも適用する

およそこんなところですが、東京のほかの区、あるいは東京以外の市町村などでもこれに似た要綱が作られているところが多いと思います。ですからこの要綱が示すような形で障害児保育が行われているというのが現在の全国的な状況といってよいでしょう。そこでこの要綱について検討を加えておきます。

まず、障害児保育は一部の指定保育園で行われるのではなく、すべての保育園で行われることが原則としてうたわれていて、理想的です。

次に対象児童ですが、2つの項目に該当することが条件となっていて、その1つは「『A区保育の実施に関する条例』第二条に定める。保育の実施基準に該当する児童」です。

そこで「実施に関する条例」の第二条を見ますと次のようになっています。

第二条

保育の実施は児童の保護者のいずれもが次の各号のいずれかに該当することにより、当該児童を保育することができないと認められる場合であって、かつ、同居の親族その他の者が当該児童を保育することができないと認められる場合に行うものとする。

一　昼間に居宅外で労働することを常態としていること。

二　昼間に居宅内で当該児童と離れて日常の家事以外の労働をすることを常態としていること。

三　妊娠中であるか又は出産後間がないこと。

四　疾病にかかり、若しくは負傷し、又は精神若しくは身体に障害を有していること。

五　長期にわたり疾病の状態にある同居の親族を常時介護していること。

六　震災、風水害、火災その他の災害の復旧に当たっていること。

七　区長が認める前各号に類する状態にあること。

この条例でもやはり子どもが入所できる条件は、母親が労働をしているか病気、妊娠中、出産直後であるかいずれかの場合に限られていて、子どもが障害をもっていることだけでは入所できないわけです。

7項目を弾力的に運用して、障害児であることを〝類する状態〟として扱えば入所も可能になるかもしれません。しかしそんな面倒なことをせず「障害児にとっては保育が必要」という一項を入れて障害児保育がスムーズにすすめられるべきだと思います。

そういう意味で障害児保育実施要綱第三条については「(1)(2)の両方に該当する児童」などといわずに、「(2)に該当すれば十分」ということで(1)は削られてよいと思います。

障害児にとってなるべく早い時期から集団生活になれていくことが必要なのです。その理由についてはこの後詳しくお話していくことになりますが、障害児は「保育に欠ける」からではなく「集団保育が必要だから」保育園に入所する条件に合うということです。

障害児であるということだけで、保育園に優先的に入所できるようになるべきでしょう。

これからの障害児保育

ここで今後の障害児保育の理想的な形態について提言しておきます。

インクルージョンということがいわれるようになった時代に、訓練施設と保育園が別々になっていて障害児がそのいずれか一方だけを選んで通わなければならないというのは「時代遅れ」の感があります。

すでに1980年代、訓練施設と保育園を統合して1つにした地域がありました。この先進的な形は残念ながら全国的に拡がることはありませんでしたが、今こそ全国で統合が図られるべきだと思います。

訓練施設と保育園が1つになれば、健常児も障害児も一緒に生活することになります。職員の数も多くすることができますから障害児に手をかけられます。訓練の専門家も保育園の職員として働くことになりますから、障害児は保育園で健常児と生活しながら訓練も受けられます。また、保育士が訓練の専門家から訓練の方法を学んで実施することもできます。健常児と生活しながらの訓練は障害児にとって「訓練のつらさ」を軽減することになるでしょう。また、健常児との生活そのものが〝訓練〟になることがあります。たとえば言葉の遅れている子どもにとって、専門家との一対一の言語訓練よりも集団生活の刺激のなかで自然に言葉が出てくるということの方が効果的とはよくいわれることです。

こんなふうに考えると、訓練施設と保育園の統合は理想的に思えます。各地でこうした統合が進められることを期待します。

第3章　「保育に欠ける」ということについて

障害児保育を阻んだもの

前の章で紹介した石毛論文が載っている同じ『福祉労働』4号には谷奥克己さんが書いた「障害児保育とは何か」という論文も載っています。

すでに書きましたように、ぼくの連れ合いは娘の保育園入園運動をはじめるに当たって障害児保育実現のための運動が進んでいた東大阪市へ見学に行きましたが、谷奥さんはその東大阪市で運動の中心にいた人でした。そういう人ですからこの谷奥論文は、1979年時点での大阪の運動状況をよく伝えています。

谷奥はまず次のようにいいます。

「私たちが『障害児』保育というとき、『特別な保育』であると考えがちである。しかし、そうではなくなぜ『特別な保育』と思いこんでしまうかといえば、むしろ『障害』を理由に保育所から締め出されてきた隔離・差別の結果故であることを、まず押さえていただきたい」

ここでは大事なことがいわれています。

その大事なことというのは「もしこれまで障害児が保育の場へ受け入れられていたら、特別、『障害児保育を進めよう』なんて声は出てこなかったはずで、そうであれば障害児保育が特別な保育であるかのように受けとられることもなかっただろう」と谷奥はいうのです。

戦後、公立保育園はたくさん設置されたのに、障害児はそこに入ることができませんでした。

それはいい換えれば「障害児は保育の場から締め出され、隔離、差別されてきた」という表現が決して誇張ではなかったということです。

どうして障害児が保育園へ受け入れられなかったのでしょうか。

1つには「障害児にはまず訓練によって健常児に近づくことが先決。だから健常児との保育よりも施設へ入園したり通園したりして訓練をするのが適当」という考え方があったからです。しかし、「訓練よりも健常児と一緒にすごすことで得られる社会性を」と願う親たちが保育所入園を目指したとき、それを阻んだのは「保育所が対象とするのはあくまでも〝保育に欠ける〟子ども」という文言でした。

この「保育に欠ける」という言葉が、障害児保育をすすめるうえで、ネックとなったことは確かです。そして今でも、「保育に欠ける」ということが保育所入園に際しての要件となっていてこのことはもっと問題にされていいことです。

ここではこの「保育に欠ける」という言葉に少しこだわって考えてみることにしましょう。

「保育に欠ける」を考える

保育所は戦後になって〝保育に欠ける〟乳幼児に対する市町村長の措置義務と、国、自治体の費用負担の法的裏づけを得たうえで、社会的な施設として位置づけられました。

保育所がどのような施設を指すかについては1948年に施行された児童福祉法に書かれています。この法律での規定は次のようになっていました。

第三九条

〔保育所〕① 保育所は、日日保護者の委託を受けて、保育に欠けるその乳児又は幼児を保育することを目的とする施設とする。

② 保育所は、前項の規定にかかわらず、特に必要があるときは、日日保護者の委託を受けて、保育に欠けるその他の児童を保育することができる。

このうち②の方についてはこの規定がわざわざ設けられている意味がよくわかりませんが、現実には予期できないようなさまざまな事態が起こり得るので①で限定的になってしまわないように配慮したもののように思われます。

さてこの第三九条を受ける形で第二四条には市町村の措置義務について書かれていました。（現在は条文が若干修正されています。）

第二四条〔乳児・幼児等の保育〕市町村は、政令で定める基準に従い条例で定めるところにより、保護者の労働又は疾病等の事由により、その監護すべき乳児、幼児又は第三九条第二項に規定する児童の保育に欠けるところがあると認めるときは、それらの児童を保育所に入所させて保育する措置を採らなければならない。ただし、付近に保育所がない等やむを得ない事由があるときは、その他の適切な保護を加えなければならない。

これらの法律を見ますと、保育所というところは保護者に委託されて「保育に欠ける」乳幼児を保育する施設だということになります。

法律のなかに出てくる言葉はむずかしいものが多くわかりにくいのですが、制定した人たちの気持ちのなかに「一般の国民は法律なんかはっきりわからなくてもいいんだ」という思いがあったのかもしれません。またむずかしいだけでなくあいまいな言葉使いも数多くみられ、あいまいにしてどうにでも解釈できるようにしておけば誰かの利益になるからということでわざとあいまいにしているようにも思われます（利益を得るのが誰なのかもはっきりわかりませんが）。

「保育に欠ける」という言葉も、むずかしくはないけれど極めてあいまいな言葉で、そのあいまいさが障害児保育では１つの壁になっています。そもそも「保育に欠ける」などといういい方はふだんわたしたちが口にしないものであり、この法律のためにわざわざ作られたような気もします。

ところで考えてみると、「保育に欠ける」を問題にする以前に、保育という言葉だけをとってみてもその定義がはっきりしているわけではありません。

ちなみに、『広辞苑』（第六版）をひいてみると「保育＝乳幼児を保護し育てること」

と極めてあっさり書かれており、これは相当漠然とした定義だといえます。

かつてぼくは、池田祥子さんが書かれた「『保育』という言葉の歴史性―「母性」「家族」を問う視点から」という論文を読みました（『ＲＩＤ研究紀要』１９９５年3月、子ども情報研究センター発行）。

この論文で池田さんは「保育」という言葉の成り立ちから考察をはじめ「保育に欠ける」の規定についても十分に論じていてぼくにとっては非常に刺激的でした。しかしその後「保育」や「保育に欠ける」規定についての議論や考察が広く行われたという話は寡聞にして耳にしていません。

そこで、この池田論文を参考にしながら改めて、「保育」という言葉の内容について考えてみようと思います。

「『保育』という言葉は、社会の教育という営みが、ごく初期の幼い子どもたちを対象とする時点で発生したもの」だと池田さんはいいます。そして、東京女子師範学校附属幼稚園が設立された翌年の１９７７年にその幼稚園で作られた「附属幼稚園規則」には「小児保育」という用語が用いられていることを紹介しています。

保育という言葉はどうやら教育という言葉の親類筋に当たるらしく、学童以上に対しては教育という言葉を使い幼児期の教育については教育と呼ばず保育という言葉を当てたようです。『保育学概説』(山下俊郎著、厚生閣、1969年)では保育という言葉が次のように解説されていて、これを見ても保育とは本来幼児教育のことを指していたのだと考えられます。

「保育というのは、教育される対象にしたがって定められた一つの名称であり、また同時にその内に教育の方法についての意味をもこめてよばれる名称でもある」「つまり、幼児の教育においては、保護と教育という意味合いから、幼児教育のことを保育と呼びならわす習慣ができたものと考えられるのである」

この解説と『広辞苑』などに載っている解説を見くらべると違っていることに気づきます。

本来、保育という言葉は「保護」と「教育」という意味合いから幼児教育を表す言葉であったのですが、それがいつか変化して、教育的意味合いは薄れ、単に「保護」し「育てる」ことという意味になっているということです。そういう変化はあるわけですが、ともかく「保育はもともと、幼児教育を意味していた」という事実ははっきり押さえておく必要があると思います。そして、最初は幼稚園で幼稚園保育として行われたということも確認しておきましょう。

さてこのように幼稚園保育が確立されていく一方で、家庭もまた子どもの教育の第一段階の重要な場として位置づけられたと池田さんはいいます。国は幼児教育の場として幼稚園を作ったけれど、決して幼稚園が幼児教育を中心的に担うものとはせず、それは家庭教育、家庭保育を補完するものと位置づけたということです。

それは幼稚園が制度化されたとき、就園年齢は満3歳で保育時間は原則として1日4時間に定められたというところに見てとることができます。

3歳児神話とは

つまり、満3歳までは家庭で教育されるのがよく、3歳以降でも家庭以外の場所での教育は4時間までにとどめて残りの時間は家庭で教育されるのがよいというのが国の方針であり、考え方であったということです。

この、幼稚園は3歳になってからという考え方は、現在もなお残る3歳児神話というものにつながるのかもしれません。3歳児神話というのは、子どもの発達という点から考えると子どもは3歳までは母親の手で育てられるのが最良で、3歳以前にもっぱら母親以外の人に育てられると後々子どもに問題が起こってくるという考え方です。この考え方はまったく根拠がないにもかかわらず根強く残っていて、それゆえ神話という名にふさわしいのですが、この神話を真実であるかのようにいう小児科医や児童心理学者は今も少なからずいるのです。

3歳児神話は戦後ボウルビーなど欧米の小児科医の言説をもとにして日本で作られたものと考えられていますが、本当はこの幼稚園規則あたりがはじまりなのかもしれません。ともかくこのように就園年齢や保育時間が定められたということは、家庭には専業主婦がいてもっぱら子育てに当たるのが当たり前という考え方が確立されたということにもなるのです。

そして、夫の収入だけで妻子の生活が成り立つという近代的な核家族および専業主婦という女性のあり方が1つのモデルとして描かれるようになり、社会的な憧れともなったと池田さんは指摘しています。

しかし世のなかにはこのような標準的な生活をできない人もたくさんいて、そういう人たちには幼稚園以外の場所を用意しなければならないことがわかってきました。

標準的な生活を営むことができない人というのはたとえば一人親であったり、生活の必要上両親共に働かなければならないというような人たちで、こういう人の家庭は欠損家庭とか崩壊家庭とか差別的な名前で呼ばれました。そしてこうした「不幸な」家庭のために子どもを預かる施設が必要だということになったのです。

この施設は託児所と呼ばれました。１９２６年、幼稚園令が施行された年に、篤志家や慈善家によって創設された託児の施設が公的な託児所として認知されたのです。そして第一回全国児童保護事業大会が開催されましたが、その席上、内務省関係者は次のように発言しています。

「託児所と幼稚園とは其の幼児を保護することは同一なるも、発達の沿革を異にしております。幼稚園は大体中流家庭以上の子弟が小学校に入るに先き立ちて、其の心身の発達を図るために用いられて居るようであります。子供を引きとり生活する傍ら、父兄の職業を補導することは幼稚園の従たる使命でせう」

幼稚園は中流以上の家庭の子弟のためにあるものとはっきりいわれています。このような性格をもつ幼稚園では、「子供を引きとり世話をする傍ら、父兄の職業を補導する」のは主たる使命ではなく従たる使命だということです。そうすると託児所の方は「子どもを引きとり世話しながら父母の就業の保障をすること」を使命とする施設ということになります。

このように戦前は「幼稚園は専業主婦である母親に育てられる、理想的な家庭の子ども」が通うところで、「託児所は働く母親に育てられる貧しい家庭の子ども」が通うところといったイメージが作られていました。戦前の託児所が戦後には保育所に変わるわけですが、戦前託児所について作られたイメージが戦後の「保育に欠ける」という表現につながっていくのです。

戦後の経過をふり返ってみましょう。

戦後、1947年に児童福祉法が制定されるとこの法律のなかで「保育所」という名称がはじめて使われました。この名称変更について当時文部省関係者はあまり乗り気でなかったといわれます。本来、「保育」という言葉は幼児教育という意味で使ってきたのに、託児所側が託児所のことを保育所と呼ぶようになり、また昼間託児事業を保育事業と呼ぶように厚生省に要求したのでやむを得ず、それらのことを許容したという経緯があったということです。

文部省としては、保育という言葉は幼児教育を指すものなのだから文部省およびその傘下にある幼稚園のみが使うことを許される言葉で、福祉施設であり厚生省傘下にある託児所ごときが使うべきではないという意識があったように思われます。こうした意識と一般に使われるようになった保育という言葉が現実的に意味するものとにズレがあってそのまま現在まで続いていることが、保育の定義や「保育に欠ける」ということの意味をあいまいにすることにつながっているようです。

「保育に欠ける」の問題点

そこで、いよいよ「保育に欠ける」という言葉の検討に入ります。

この文章の最初にお話したことの繰り返しになりますが、児童福祉法第三九条は、保育所というところを「保育に欠ける乳幼児を保育する施設」だと規定しています。

保育に欠けるということの意味を「家庭での保育だけでは不十分で集団的な保育も必要とすること」というふうに単純に解釈すればそれは相当広い範囲を指すものとなり、その規定に従って障害児も容易に入園できていただろうと思われます。

しかしこの規定を設けた側の意図としては「保育に欠ける」という規定は「母親が働いていたり病気だったりすること」とイコールだったようです。

そのことは具体的に第二四条に書かれていて、この条文を引用しておきます。

「市町村は、保護者の労働又は疾病その他の政令で定める基準に従い条令で定める事由により、その監護すべき乳児又は第39条第2項に規定する児童の保育に欠けるところがある場合において、保護者から申込みがあったときは、それらの児童を保育所において保育しなければならない」

ここでは「保育に欠ける状態」になる理由として保護者の疾病または労働ということが具体的にあげられています。

このことについて池田さんは次のようにいいます。

「ここには『子ども（乳幼児）はまず第一に、家庭で監護・保護・保育すべきである』そのためには『母親は原則として、労働に就くことなく、家庭で保育に専念するものである』という社会通念すなわち『思想』が確固として前提とされているのである」

まったくその通りだと思います。「育児や家庭教育は母たるものの義務」と押しつけ、女性を家庭にしばりつけようとする国家の思想というべきものがはっきりと見えるのです。

こうした思想を受けとめる形で現れた「保育に欠ける」という言葉について、池田さんは次のようにいいます。

「なぜ『保育に欠ける』のか、それは、母親が保育・育児の専業の担当者とされているがゆえに、その母親が外で働く場合に『困った事態』が生じるからに他ならない。したがって『保育に欠ける』というケースは、どこまでも一般的ではない、特別な家庭が対象とされる。だから『福祉』の範疇に入れられるのである」

育児はもっぱら母親が担当すべきで、母親が労働することによって育児が手抜きになるのはよくないことであり間違ったことだと考える人たちにとって、母親が働く家庭というのは困った家庭であり特別な家庭だということになります。

いや、「そういう家庭は特別な家庭」と断じておかなければならなかったのでしょう。

このことは1963年7月に出された中央児童審議会保育制度特別部会の答申を見ても明らかです。この答申は「保育問題を考える―中間報告―」というタイトルでしたが、これは保育問題を本格的に論じたはじめての公的文書です。この文書には「保育はいかにあるべきか」というテーマの下に、次のような〝保育七原則〟が掲げられていました。

第一原則―両親による愛情に満ちた家庭保育

第二原則―母親の保育責任と父親の協力義務

第三原則―保育方法の選択の自由と、子どもの母親に保育される権利

第四原則―家庭保育を守るための公的援助

第五原則―家庭以外の保育の家庭化
第六原則―年齢に応じた処遇
第七原則―集団保育

この七原則について小山静子さんは次のようにコメントしています。

「この七原則に貫かれている価値観は明瞭であり、それは、『子どもの精神的身体的発達にとっては、両親による愛情に満ちた家庭保育が、もっとも必要なものであり』、『家庭で、正しい愛情をもつ母親によって保育されることは、子どもの権利である』という見方であった。つまり、何といっても母親による家庭での保育が第一義的に目指されるべきものであり、『条件が同じであれば、健全で、愛情の深い母親が、子どもの第一の保育適格者』と考えられていたのである。このことは、第二原則の『母親の保育責任と父親の協力義務』という表現にも明瞭に示されている。ただ、なにゆえ母親が健全で、愛情が深く、第一の保育適格者であるのか、その理由は何も述べられていない。それは恐らく、この文書をまとめた人々にとっては、論じるまでもないほど自明のことだったのだろう。そして『年齢が低くなれば低いほど、家庭保育の重要性は高く、家庭的な処遇が期待されなければならない。それゆえ、2～3歳以下の乳幼児期においては、まず家庭において保育されることが原則でなければならない』と主張されていた」

このように「幼児の保育は本来母親がすべきものだが、なんらかの事情（生活のために母親が働かねばならない場合や母親が病気の場合）によって母親が保育にかかわれないとき、その『保育に欠ける』状況を補うために保育所での保育を行う」ということで保育所が運営されてきたのが保育所の歴史であったともいえます。それは「母親が働いていること＝生活が大変」といったイメージと結びついて保育所の印象にマイナスイメージを付加してきた感もあります。

実際、戦前は母親が労働に従事せざるを得ないケースのほとんどが家庭の貧困によるものでした。池田祥子さんはこう書いています。

「貧しさは『辛い』『苦しい』『悲しい』『不幸』というイメージと結びついているために、戦前の託児所・保育所は、総体『暗い』イメージに付きまとわれていたのであろう」

そしてそんなイメージを変える努力も戦後にされたのですが、皮肉なことにその努力が障害児保育を阻むことになってしまった面があるのです。池田さんは続けてこう書いています。

「戦前は、母親が労働に従事せざるを得ないケースの殆どは、家庭の貧困ゆえにだった。

貧しさは『辛い』『苦しい』『悲しい』『不幸』というイメージと結びついているために、戦前の託児所・保育所は、総体『暗い』イメージに付きまとわれていたのであろう。そのため、『児童保護』ではなく『児童福祉』を理念として高らかに謳いあげた戦後の児童福祉法の下では、この保育所は、名称の転換ともども『暗さ』を払拭し、『明るさ』がことの他強調された」

戦前、託児所という言葉に重ねられていた暗いイメージを払拭し、新しく生まれた保育園には明るいイメージを植えつけようとする行政の努力があったということですが、それを表すものとして池田さんは次のような文章を紹介しています。

まず、『児童福祉法の解説と運用』(高田正己著、時事通信社、1951年)に出てくる文章。

「『保育に欠ける』というのは、一般の家庭ならとうぜん期待しうる保護養育をうけることのできないという意味であって、家庭が貧困であるかどうかはとわない」

ここでは、「保育に欠ける家庭」というのは必ずしも貧困な家庭というわけではないと強調していますが、しかし、「一般家庭ならとうぜん期待しうる」といった文言を見ればやはり〝特別な家庭が保育に欠ける状態を生む〟という差別的なまなざしが感じられます。

もう1つの文章は『児童福祉法の解説』(高田浩運著、時事通信社、1959年)に出てくる次のようなものです。

「入所している児童自身に精神上または身体上のいちじるしい障害がなく、いわば普通の子供である点も保育所の特色である。このことは、保育所の果たしている社会的機能の大きいことと相まって、児童福祉法に明るい積極的な性格を与えている」

ちょっとびっくりするような文章ですね。

保育所には「普通の子ども」だけがいて障害児がいないということが明るい性格を与えているというのです。このことについて池田さんは次のようにいいます。

「ここで注意されなければならないことは、戦後まもなくという時代の制約もあったであろうが、『貧困』や『障害児』はなお暗いものとして公認し、その上で保育所を必死でそれらとの関わりから外そうという、あからさまな差別的なポーズが見てとれることである」

障害児保育をすることが保育所のイメージを悪くするという考え方は今はまったくありませんが、かつてはそういうイメージもあったということです。

「保育に欠ける」問題の方に話を戻しましょう。

1963年の中央児童審議会保育制度特別部会の答申には「保育に欠ける状況」の定義も書かれています。次のようなものです。

「こどもの心身の健全な発達にとって不可欠なものが、何らかの原因によって与えられない場合、現在または将来において身体的な欠陥や、社会への不適応といった悪い結果が現れることが予想されるのであるが、このようにこどもの心身の発達にとって不可欠なものを与えなくする状況を保育に欠ける状況と定義すべきであろう」

ここにははっきり書かれてはいませんが、「こどもの心身の健全な発達にとって不可欠なもの」というのは「母親の愛」すなわち「母性」ということで、母親が働くといった事情のためにその愛が不足すると、現在または将来に病気になったり社会的な不適応を起こしたりするといっているのです。そして母親の愛が十分に注がれない状態が「保育に欠ける状況」だともいっています。

これは医学的にも間違っていて、偏見というしかありませんが、このような偏見は50年近くの時間を経た今も決してなくなってはいないように思われます。

新たな保育所保育指針では

そして、2008年3月に定められた保育所保育指針でも、保育所の役割として次のように書かれています。

「保育所は、児童福祉法（昭和22年法律第一六四号）第三九条の規定に基づき、保育に欠ける子どもの保育を行い、その健全な心身の発達を図ることを目的とする児童福祉施設であり、入所する子どもの最善の利益を考慮して、その福祉を積極的に増進することに最もふさわしい生活の場でなければならない」

今も「保育に欠ける」という言葉は残っていて、保育所は「保育に欠ける子どもの保育を行う場所」と規定されているということです。

障害児の母親は障害をもつ子どもを育てるということが大変なため就労できないことが多いのです。また、「障害児の母親は子どもを育てることに自分をささげるべきで、それは障害児を産んだ母親の責任である」という社会的なプレッシャーも受けます。

あるダウン症の子どもは保育園、小学校の普通学級、中学校の普通学級へ通ったあと、養護学校（現在の特別支援学校）に行きました。

この子のお母さんは保育士としてずっと仕事をしていて、中学まではそのことで非難されることもありませんでした。しかし養護学校高等部へ行くと、ほかの保護者たちから「あなた、障害児の親なのにずっと働いていたんだって。なんとひどい親なの」と総攻撃されました。

これは実際にあった話です。非難した保護者たちは「障害児の親は子どもの世話に専念すべき」と思いこまされてきたのでしょう。

しかし、そうした生き方は親子共にせまい世界で生きていくことになりかねませんし、息苦しいものでもあるでしょう。

障害をもっているからこそ、友だちがたくさん必要ですし、他人とのつき合い方を学んでいくことが生きる力にもなるのです。

障害児保育は障害児にとって必要なものですから「保育に欠ける」という条件に合わないという理由で入園できないというのはおかしいことです。保育所保育指針から「保育に欠ける」という言葉が除かれ、障害児なら無条件で入園できるようになってほしいということを再度強調しておきます。

第4章　障害児にとって保育園へ通うことの意義

障害児の親になったら

　ぼくは、障害をもった子どものお母さんやお父さんから相談を受けることが多いのですが、障害児がうまれて間もない混乱状態にあるお母さん、お父さんからの相談も少なくありません。

　たいていの人は自分たちの間にうまれてくる赤ちゃんが障害をもっているとは予想していません。当然、健常な赤ちゃんがうまれてくると思っています。

　それが、医師などから「あなたの赤ちゃんには障害がある」と告げられると、非常に驚き、そしてさまざまな感情につつまれるのが普通です。

　その感情の起こり方にはいろいろあって「受け入れられない気持ち」「どうしてわたしの赤ちゃんだけが障害があるのかという理不尽を感じる気持ち」「その理不尽さに怒る気

持ち」「障害児をかかえてずっと生きていかなければならないと考えることによって起こる悲しい気持ち」などがあります。こういうさまざまな感情は一定の順序に従って起きるという説もありますが、わたしはそのようにパターン化されるものではなく、いろいろ入り混って起こってくるものと思います。

ともかく将来を悲観したり、どうしたらいいのだろうと混乱している状態にあるお母さんやお父さんは相談相手を求めていることが多く、ぼくもその役をひきうけることが多いのです。

ぼくは医者という専門家としての立場よりも、障害児を育ててきた親としての立場からアドバイスをすることにしていますから、普通、専門家といわれる人がする「おすすめ」とは別の形の「おすすめ」をしていると思います。

お母さん、お父さんから「これからどういう人に会って相談すればいいか」と聞かれれば、ぼくは迷わず「障害をもった子を育て上げたお母さん、お父さんになるべくたくさん会って経験談を聞くのが最良」とこたえます。

親が「あなたの子どもさんには障害があります」と告げられるのは産院であったり、産院から転送された病院であったり、あるいは1カ月健康診断、3カ月健康診断など健康診断の場であったりするでしょう。そうすると多くの場合、専門の医療機関を紹介されることになります。そこで専門家にいろいろアドバイスを受け、今後どうしたらいいかの指導を受けたりするのですが、そうした専門家が「障害をもつ人の一生」について熟知していることは少ないのです。たとえば小児科医であっても、15歳までしか子どもを見ることはありません。そうすると自分がずっと診療していた子どもが15歳をすぎてからの年月をどのように生きていっているか知ることは少ないのです。幼児期に障害児の療育を担当した医者、理学療法士といった人たちも、子どもたちに行った療育が成人した後にどのようなプラスやマイナスがあったかといったことを知り得ないのがふつうです。こんなふうにいうと「幼児期の療育が後の生活にマイナスになどなるはずがないだろう」と思う人もいるでしょうね。しかし、ぼくはこれまで成人の脳性麻痺の人たちから「幼児期の日々の訓練はとてもつらかったが、つらいと口に出すことができなかった。そしてそんなつらい訓練をしても結局歩けるようにはならなかったし、その他の点でも大した改善はみられなかった。今かえりみてあのつらい訓練は一体なんのためだったのだろうと思う」といった言葉を何度も聞かされています。この人たちにとって幼児期の訓練はトラウマにこそなれ、具体的成果はなかったわけですからはっきりマイナスだったといえるのです。

幼児期に訓練にかかわった専門家が、子どもが成長して社会に出るようになった時点で訓練したことの意味を問い直す機会があれば、訓練のあり方を見直す契機にもなると思うのですが、そういう機会はふつうありません。

幼児期に通園施設へ通った障害児と保育園へ通った障害児とでは成人してからどのように違うかといったことを知る機会もまたないのがふつうです。

後でもお話しますが、障害児にとっての一番大きな問題は学校生活を終えて社会に出てからの問題であり、そこでの生き方は幼児期からの育ち方に影響するのですから、障害児の親にとって最良の相談相手となるのは障害児の生活を30年から40年のスパンで見続けている人なのです。そういう意味では、障害児を育て上げた親は最良の相談相手になってくれます。障害児を育てた経験のある親なら、障害のある子どもをもった悩み、苦しみ、喜び、楽しさなどさまざまなものを経験していてそういうことを率直に話してくれるでしょうし、自分の経験から「こんな生き方が望ましい」と話してくれるはずです。

保育園に入れるのがなぜよいか

そんなわけで、ぼくはまず障害児を育て上げた親に紹介するのですが、その次には、

「なるべく早く保育園に入れた方がよい」とすすめます。

その理由の1つは障害児をもった保護者にとってその方がいいからです。うまれた子どもが障害児だとわかったとき、母親や父親は複雑な感情に襲われるのがふつうです。現代という時代は社会教育も進んだから、かつて存在したようなさまざまな差別はなくなっているという人もいます。しかし、決してそんなことはありません。ハンディをもって生きていくと今もさまざまな差別、偏見、その他の困難に出会うことが多く、世間の多くの人はそのことを口には出さなくても知っています。そして、自分の子どもが障害児であることがわかったというような事実に遭遇したとき、子どもにもそしてその子どもと歩んでゆくことになる自分たち家族の将来にも幾多の困難が待っているだろうと予想して悲しみがうまれるのです。悲嘆だけでなく、どうして自分にだけ障害児がうまれたのだろうという〝理不尽さに対する〟怒りや、自分のせいで障害児がうまれたのではないかという自責の念などがうまれることもあります。

実際にはこうした感情も時間の経過によって乗り越えられ、その夫には障害児の親でなければ体験できない味わい深い人生が待っていたりもするのですが、悲しみにくれているときにはそんな明るい展望はうまれてきません。

この時期に親が狭い世界のなかで障害児とむかい合っているのは、精神衛生上、好ましくないことです。

そんなとき、保育園という場所で、たくさんの子どもを見てきた保育者や子育て中のお母さん、お父さんたちと生活を共にし励まされたり共感されたりすれば、最初の困難を短い期間で乗りこえるのに役立つはずです。

また健常な子どもたちはふつう自分の力で世界を広げていくことができますが、障害児の場合は自分では広げられないことが多いので、まず保護者が広い世界に出ていくことで子どもの世界を広げていく必要があるのです。

これが「障害児が保育園に入ること」による保護者へのメリットですが、次に障害児自身にとってなぜ保育園へ入るべきなのかを考えてみましょう。それは障害児保育の意義ということにもつながるのです。

インクルージョンの時代に

今の時代はインクルージョンの時代ともいわれ、学校教育についていえばインクルーシブな教育といわれるものが広く世界的に目標とされる教育の形ということになっていいます。日本の現実はそうした世界的な状況からかなり遅れており、いまだに「障害児には分離教育が望ましい」と考える専門家が多い状態ですが、それでもインクルージョンへの歩みは誰も止めることのできない流れになっているように思われます。

ここでそのインクルージョンといわれるものの動向について考えてみましょう。

インクルージョンというのは日本語に訳すと包含とか包括とかいうことになりますが、あまりよい訳語がなく日本でも英語のまま使われています。「すべてを含みこむ」という意味で、インクルーシブな教育というのは「すべての子どもを含みこんだ教育」になります。

簡単にいうと「世のなかからあらゆる差別をなくさなくてはいけない。差別は分離することからはじまる。人間を分類してそれぞれを別の場所におくことは必然的に差別を生んでしまう。だから分離することをやめよう」というのが世界的な目標となり、それが教育の分野ではインクルーシブな教育を目指すことになったわけです。

このような「分離しないで一緒に」という動きは、いろいろな人種の人たちを一緒にという形ではじめられることが多かったという歴史的な経過があります。たとえばオーストラリアでの「インクルーシブな教育」は、オーストラリアに住む先住民をはじめとする多数の民族の人たちが一緒に学ぶ空間を作るというところからはじまっています。200種類に及ぶ多種の言語をもった人たちが住むオーストラリアで、言語のちがう人たちが教室という場で一堂に会し同じ授業を受けるには、授業の方法などを大きく変えていく必要があるのです。そういうことが実際に行われその延長上で、障害児も健常児も同じ教室で一緒にという方向性が定められ教育改革が行われたわけです。

これは日本で主に関西地域において、障害児保育や障害児教育が発展したことと似ています。関西地域では長年被差別部落の子どもを対象とした解放保育、解放教育が取り組まれており、その延長線上で障害児保育の取り組みもはじまったのです。

ここで、外国でのインクルーシブ教育実践例を紹介してみましょう。オーストラリアでの状況について『比較教育学研究』(第36号、日本比較教育学会編、東信社発行)という本に本柳とみ子さんが書いていますのでそこから引用させてもらいます。

本柳さんは最初に次のように書いています。

「本稿はオーストラリアの学校教育における多様性への対応について政策および実践の両面から考察し、これまで多文化教育で重視されてきた文化的多様性を包摂するインクルーシブ教育に重点が置かれるようになってきていると現状を明らかにすることを目的とする」

この文章からもインクルーシブ教育が「文化的多様化を包摂する教育」であることがわかりますね。そして本柳さんは具体的に次のように書いています。

「オーストラリアもサラマンカ宣言を批准し、学校においてはすべての生徒が適合できるインクルーシブな環境の整備を行わなければならないという考え方が広がっていった。

また障害など特別なニーズを有する生徒を通常クラスで教育することにより、障害のある生徒もそうでない生徒も共に心理的、社会的、認知的達成度が高まるという研究結果やグローバル化による異質なものを〝排除〟することへの圧力もインクルーシブ教育を押し進めるようになっている。オーストラリアのインクルーシブ教育も、障害のある生徒を通常クラスに統合することから始まったが、次第にそのほかの要素にも広がるようになり文化的・言語的背景、宗教、信条、価値、ジェンダー、社会経済的状況のほか、学習能力や居住地、怠学、逸脱行動など多様な理由により学校から『排除』されがちな生徒を含めた教育をされるようになってきている」

インクルーシブ教育がどう進められたか、おわかりいただけたことと思います。

サラマンカ宣言とウォーノック報告

ところで、この文章のなかにサラマンカ宣言というものが出てきました。このサラマンカ宣言が世界の多くの国で統合教育を推し進める契機になったのですが、サラマンカ宣言より以前に、この宣言に大きな影響を与えたウォーノック報告というものがあるのです。このウォーノック報告、サラマンカ宣言を簡単に紹介しましょう。

ウォーノック報告は、1978年にイギリスで出された報告です。これは当時のイギリス政府から「第二次世界大戦後のイギリスにおける障害児教育全体を振り返り、その課題を明らかにしたうえで新たな方向性を示してほしい」と求められて作られたウォーノック委員会がまとめたものです。この報告は400頁を越える膨大なものでぼくもその全体を読んでいるわけではありませんが、この報告をもとにして作られた「1981年教育法」と呼ばれる法律が重要といわれています。この教育法が、世界的な障害児教育の方向転換に大きなきっかけとなったのです。この法律には「特別な教育的ニーズの採用」「統合教育の推進」などが盛りこまれています。

具体的にいいますと「教育的ニーズのある子どもと判断された子どもについては、その旨を保護者に通知し、地区教育委員会や教育・医学・心理学の専門家などと共に、その子どもの測定・評価を行う」ことになっています。

そして「その子どもにとっての学習上の課題を特定し、そこから子どもが指導上必要としているもの」を明らかにします。そして教育計画が作成され、それに従って教育が行われ、その教育について12カ月ごとに評価が行われます。ところで、このような教育をどの場所で行うかについて法律では次のように定められています。

○特別な教育的ニーズのある子どもの教育の場としては、まず普通校を考える。

地方教育委員会は、諸条件が満たされれば、特別な教育的ニーズのある子どもは普通校において教育されることを保障しなければならない。

○親の要望が考慮されることは重要である。

○特別な教育的ニーズのある子どもが普通校で指導されるためには、必要とされる教育的なサービスを受けることや、ほかの子どもたちの効果的な学習や資源の効率的な活用などといささかも矛盾しないことが重要である。

○特別な教育的ニーズのある子どもが普通校で教育される場合には、ほかの子どもが取り組む課題と同じ課題に取り組むこと。

ここにはとても重要なことが定められています。まず特別な教育的ニーズのある子ども（知的障害、発達障害の子どものほか、健常だが勉強が相当遅れている子どもも含む）の教育の場として、まず普通校を考えると宣言されています。

そして「諸条件が満たされれば」という条件つきながら、特別な教育的ニーズのある子どもに対して普通校での教育を保障しなくてはいけないとはっきり宣言しています。

さらに、普通校での教育について「ほかの子どもが取り組む課題と同じ課題に取り組むこと」ともいっています。健常児と障害児が同じ課題に取り組んだら、障害児はついて行けないのではないかと心配する人がいますが、この法律はそんな心配をしていません。障害児と健常児が一緒に取り組める課題を工夫して作り上げようと勧めているのだと思われます。

このウォーノック報告から1981年教育法へという動きはイギリスで起こったものでしたが、この動きはヨーロッパのほかの国へも普及していきました。そして1994年にユネスコがスペインの古都サラマンカで採択した宣言（サラマンカ宣言と呼ばれます）は1981年教育法の精神を受けついだものでした。このサラマンカ宣言は世界中に知られることになりましたから、そこで多くの国でのインクルーシブ教育への転換が行われたのです。

サラマンカ宣言は次のようなことを宣言しています。

(1) すべての子どもが教育への権利を有しており、満足のいく水準の学習を達成し維持する機会を与えられなければならない。

(2) すべての子どもが独自の性格、関心、能力および学習ニーズを有している。

(3) こうした幅の広い性格やニーズを考慮して、教育システムが作られ、教育プログラムが実施されるべきである。

(4) 特別な教育ニーズを有する人々は、そのニーズに見合った教育を行えるような、子ども中心の普通学級にアクセスしなければならない。

(5) インクルーシブな方向性をもつ学校こそが、差別的な態度と闘い、喜んで受け入れる地域を作り、インクルーシブな社会を建設し、万人のための教育を達成するための最も効果的な手段である。さらにこうした学校は、大多数の子どもたちに対して効果的な教育を提供し、効率性をあげて、結局のところ教育システム全体の経費節約をもたらすものである。

これがサラマンカ宣言のおおよその内容ですが、ここではやはり、障害児を含めてすべての「特別な教育ニーズを有する子ども」は普通学級にアクセスしなければならないと強くいわれていることに注目したいと思います。

そして、こういうふうにすべての子どもを分けないで普通学級にすべて受け入れることの意義が（5）に説明されているわけですが、この（5）が、ウォーノック報告からサラマンカ宣言を貫く考え方であって、この考え方は、統合保育がなぜ必要かということにもつながるものです。

つまり、インクルーシブな学校を作り出すということは、インクルーシブな社会を建設するための効果的な手段だということです。

ぼくたちの社会にはさまざまな人が生きていますが、そのなかで今でもさまざまな差別が存在しています。そういった差別と闘い、どんな人でも差別せずに受け入れる地域を作っていくことがどうしても必要で、そのためにはまず学校をインクルーシブな場所に変えていこうというのが現在の方向性だということです。

こうした考え方はこれまで日本にもなかったわけではなく、「すべての障害児を普通学級へ」と考える人たちの運動は日本にも存在しました（わたしも運動にかかわってきました）。

障害児を弱者ととらえない

しかし、日本では「障害児は健常児とは別の場所で障害の程度にあわせた教育を受ける方がいい」という「分離教育」の考え方をする人たちがとりわけ専門家のなかに多く、国も分離教育の形を推進してきました。

教育が分離教育の方向性で進められると、幼児に対しても分離保育の形をとるのがいいという考え方が強くなります。それで、日本では今も障害児の多くが保育園よりも通園施設などを選ぶという現実があるように思われます。

障害児を健常児の集団に入れることに反対する考え方のなかには、「障害児は保護されて生きるべきだ」という考え方がひそんでいるように思われます。

実際、これまで日本では障害児は保護型、もっとはっきりいえば過保護型の育てられ方をしてきたとわたしは考えています。

それは障害児が弱者だと考えられてきたからです。障害があるということはさまざまなハンディを抱えているということで、そのため世のなかを生きていくうえではどうしても援助を必要とする、だからみんなで守ってあげねばならないという意識があったということです。

もちろん、障害がある人は周囲の援助を必要とすることは多いのですが、といってずっと守られ続けていればよいというわけではありません。守られて生きるということは、守ってくれる人に気をつかいながら生き続けるということでもあるからです。

障害児は守られて生きるべきだという考え方がどういう事態を招くかを考えてみましょう。

たとえば小学校の普通学級に在籍して健常児と共に学んでいた子どもがクラスメートからいじめを受けたとします。そんなとき、担任の教師が障害児の保護者に「普通学級にいれば障害児はいじめられる。特別支援学級へ行けばいじめられることもないから、そちらへ移ってはどうか」と提案することはしばしばあります。

確かに、障害児だけのいる場所ではいじめという現象は起こりにくいかもしれません。たとえばからだの不自由な子どもは暴力をふるうことができませんし、他人とのコミュニケーションをとりにくい子どもはほかの子どもと「いじめる、いじめられる」という関係性をもち得ませんから。また子どもの数が少なく教師の数が多くて管理の目がゆき届けば、いじめを未然に防ぐこともできるかもしれません。

しかしいろんな子どもが一緒に生活して、自由に行動しているような空間では、いじめなどが起こるのはむしろ自然なことといってよいのではないでしょうか。しかし、そうしたいじめが度を越したものにならないようにしたり、ついにはいじめの起こらないようなクラスにしたりするのがクラス運営というもので、それが教師の腕というものだと思います。

わたしの娘が障害をもちながら普通学級にいた頃、何度かいじめられる経験をしました。しかし、担任の先生やクラスメートたちの努力でいじめはエスカレートすることなく終わり、いじめていた同級生と後で大の仲良しになったりもしました。そしてそうした経験を通して娘は精神的に強くなったと思います。そこで獲得した強さは、24時間介助者がついての一人暮しをアパートで送っている今、娘の「生きる力」になっているように思われます。

普通学級から特別支援学級や特別支援学校に移っていった場合はどうなるでしょう。そこはトラブルのない平和な場所かもしれません。しかしその平和な場所に落ちついてしまうと、トラブルの待ちかまえる世間へ戻っていくのがこわくなってしまう可能性もあります。

周りの大人も「健常者の世界へこの子を戻すと、またいじめられたりするかもしれない。それはかわいそうだ」と考え、保護状態をずっと続けようとするでしょう。そうすると障害児はそれから後の長い時間を世間から切り離された障害児、障害者だけのいる場所で過ごしていくことになるかもしれないのです。それは、福祉作業所や収容施設といった、障害者とそれを手助けする周りの人との狭い世界で生きていくということです。福祉作業所に通う場合は行動の自由はありますが、それでも毎日同じスケジュールでの単調な日常の繰り返しになってしまうことが多いようです。収容施設で暮らす場合は、施設が決めたスケジュールが1日中続くわけで、その日行きたいところへ行く、食べたいものを食べるといった自由はないのがふつうです。

しかし施設にいる限り、生命の保証、生活の保証はされるので、行動の自由と引き換えに施設で世話を受けるというのが障害者、とりわけ重度の障害者のかつての生き方でした。

将来の自立生活に向けて

1970年ごろになって障害者の「自立へ向けての運動」がはじまりました。

施設で一生を送るのがふつうだった重い脳性麻痺の成人などが、施設を出て街で暮らすことをはじめたのです。当時、街で生きようとする障害者を援助する方策はまったく存在しませんでした。

街で生きるためにはまずアパートなど、住居を探さねばなりませんが、障害者が入居できるアパートは限られていました。障害者であることを理由に入居を拒まれることはふつうにありましたし、公的な住宅（市営住宅など）でも障害者が住める仕様になっているものは数少なかったのです。

そんな状況のなかでやっと住む所が得られても、次には介助をしてくれる人を見つけねばなりません。しかし、当時は、介助者を派遣してくれる業者もなく、派遣する制度もありませんでした。それで、介助はもっぱらボランティアによって行われたのです。大学生が時間の空いているときに交代で介助に入るというような形で障害者の生活は支えられました。しかしなにしろ学生ですから、ときには授業が延長したりその他の私用があったりして予定の時間に介助に入れないこともあります。そうすると、障害者は食事もとれずトイレにも行けずで、「空腹」「たれ流し」のままボランティアの学生がくるのを待たねばならないこともありました。そんな生活をするくらいなら施設にいる方がずっとよいのではないかと思われるかもしれませんが、障害者たちはアパート生活を貫きました。それは彼らの「自立を目ざした闘い」でもあったのです。

ここで自立という言葉が出てきましたが、重度の障害者が全介助を受けながら生活しているのが自立ということになるのかと疑問をもつ人もいるでしょう。

それは一般にぼくたち健常者といわれる側の人たちが考える自立と重度の障害者が考える自立では意味がちがうからです。

一般に自立という言葉が意味するのは経済的自立ということです。親許を離れて自分の収入で生活をはじめた状態を「自立を果たした」というふうにいわれます。また、障害児などの場合に身辺自立という言葉も使われます。

衣服の着脱、食事、排便、入浴のような日常的なことが1人でできるようになったとき、身辺自立ができたというふうにいわれるのです。

しかし重度の障害者の場合、経済的自立はもちろん、身辺自立も果たしていないけれど、「自分は自立している」ということがあります。ぼくは1980年代の半ばに、重度の脳性麻痺者であるMさんの口からそれを聞きました。「今日、食べたいものを作ってもらって食べられる自由、今日行きたいところへ連れていってもらえる自由、こういう自由を獲得できたからわたしは自立したといえるのだ。自分は今日、こんなふうに生きたいと決められること、それがわたしにとって自立だ」

この当時、自己決定とか自己決定権とかいう言葉はあまり使われませんでしたが、Mさんの言葉は「自己決定できることが自立なのだ」とまとめることもできるでしょう。

障害児自身が決める

障害者、とりわけ重度の障害者は、他人の世話になって生きるのだから自分の意志を主張するのは無理だと長いこと考えられてきたのですが、自己主張する障害者が登場することによって世のなかの考え方も変わってきました。

障害をもっていても自分の権利をきちんと主張できる人に育てていくことが、保育や教育の場で必要なことと考えられるようになったのです。

障害をもっていても健常な人に対して臆することなく自己主張できるような力を身につけるためには、幼児期や学童期にどんな場所にいればいいでしょうか。健常児との生活はいろいろな摩擦を生むからということで、健常児と分離された場所で保育されたり教育されたりすれば、障害児に自己主張する力が育つことは難しいでしょう。

障害児が将来の精神的自立に向けて、幼児期に育つ場を選ぶとすれば、統合保育の場を選ぶしかないとぼくは思います。

このことについて堀　智晴さんは次のように書いています。

（この文章のなかで「教育」という言葉が充てられているところは「保育」と読みかえてもよいと堀さんがいっています）

「子ども自身の自立をめざす教育とは、自己決定を育てるのである。しかし、実は今の日本社会においてはこれほど困難なことはないと言ってもいい。なぜなら、現在の日本はまだなお一人ひとりの自己主張を認めない世間だからである。今なお日本社会は『出る杭《くい》は打たれる』『長いものに巻かれる』という『世間の論理』が貫徹しているからである。ましてや障害者はこれまで長い間自分で考えることができないと見なされ、自己決定の機会を全くといっていいほど奪われてきたという歴史がある。これは親子関係においても同様で、障害のあるわが子をかわいさのあまり庇護するばかりで子ども自身の自己決定を認めてこなかったのである。障害者の場合、自己決定を奪われてきたからこそ自己決定に目覚めるということもあるが、そういう障害者はまだ少数である。ほとんどの障害者は健常者から隔離され、健常者中心の価値感の中で『生かされてきた』というのが歴史的な経過であった。地域の中で仲間と出会いつき合う中で自己主張をし、自己決定をしつつ自分を生きるのには大きな困難があったのである。

こういう状況の中でこれからの障害児教育は、障害があろうとも一人の個人として自己決定しながら自分の生き方を形成していくのを支援していくことだと言っていい。子どもの自己決定を尊重する教育への転換が求められているのである。しかし、考えてみればこのことは何も障害児についてのみに言えることではないことがわかる。すべての子どもにとっても自己決定をこそ育てる必要があるのである。

このような自己決定は自己決定しつつある仲間の中でこそ育つという点も忘れてはならないだろう。一人ひとりの子どもたちが自立に向けて歩んでいく中で相互に影響し合い個々に自立していくのである。そういう意味では自立は仲間と共に生きる（共生）中でこそ実現していくと言える」

自己決定ということについてはいろいろな議論があります。健常者であってもなんでも自己決定できる人は少ないともいわれます。

自分で決めているように見えても実際には周りの状況を見ながら周りの人とトラブルを起こさないような配慮をしつつ決定することが多く、それは真の自己決定ではないというのです。

また、たとえばあるものが食べたいと思っても、それがいくら高価なものでも自由に食べられるという人は少なく、ふつうは限られた予算のなかで選んでいるわけです。

決定するという行為はふつういくつかある選択肢のなかからどれにするかを決める行為ですが、その選択肢の数が人によってちがっていて、世のなかには自分の望んでいないものしか選ぶことのできない人もいます。

障害児や障害者の場合、これまで、極めて少ない選択肢のなかから選びつつ生きてきたといえます。

障害児にもたくさんの選択肢を

学校の場合を考えればそのことはよくわかります。とりわけ重度の障害児の場合、教育委員会は特別支援学校を勧め、保護者はそれしか選択肢がないように思ってしまいます。そして、特別支援学校で小学部、中学部の義務教育期間を終え、さらに高校へ行こうとするとき、そこにはふつう特別支援高等学校しか選択肢がないのです。しかし、ぼくはこれまで障害児の普通高校への入学を実現させる運動にかかわってきて、その運動のなかで何人もの障害児が普通高校に入学するのを見てきました。ぼくの娘もその1人です。

車椅子の身体障害の子どもたちはもちろん、言葉を話さず字も書かないといった知的障害の子どもたちも普通高校入学を果たし卒業もしています。東京では特別支援学校の中学校を卒業して普通高校の定時制へ入学した子どももいるのです。

しかしそうした情報はほとんどの障害をもった子どもやその保護者に届いていません。特別支援高等学校に勤務する先生が生徒に「あなたたちも、普通の高校へ行くこともできたのよ」と話したところ、生徒たちが驚いたという話を聞いたことがあります。

ぼく自身、ある特別支援学校中学部のシンポジウムに出席した折、会場にきていた障害児の保護者のみなさんに対して「知的障害の子どもも普通高校へ入学している」と話したところ、保護者のみなさんはびっくりしていたという経験をしています。

障害児もその保護者も「障害者には多様な生き方はない」と思い込まされているように思われますが、今後は障害があってもどんどん世間へ出ていき精神的な自立を果たしていくべきと思います。そのためには乳幼児期の〝人生のスタート〟を集団保育という生活ではじめるのが最善でしょう。

ぼく自身の経験でも、ぼくの娘については最初に保育園で生活してよかったと思っています。

保育園で健常児と楽しく生活した娘には、小学校へ行くなら保育園の延長として普通学級に行かせたいと思いました。小学校を終えると中学校も普通学級へ行くのが当たり前という気分になり、そのまま地域の中学校へ行きました。

中学3年生になると娘は級友と同じように普通の高校へ行きたいというので、これは少々苦労しましたが、普通高校全日制へ進みました。卒業すると、弟や妹と同じように家を出て一人暮しをしたいといいそれも実現しました。保育園→普通学級→普通高校→地域での自立生活というのは一連の流れだったと思います。できれば障害児もこういう人生のコースを歩んでほしいし、そのためにはまず障害児保育でスタートということです。

障害児の保護者の人たちと話をする機会はしょっちゅうありますが、保護者の最大の心配事は「親が亡くなったあと、この子はどうなるだろう」ということに尽きます。

学校生活の間は学校と保護者で保護していればよく、学校を終えてからも保護者が元気でいる間は保護を続けることができますが、保護者が病気になったり亡くなったりして面倒を見られなくなったらこの子はどうするのだろうという心配です。保護されないと生きていけないというふうに子どものことを思ってしまうと、親なきあとが心配だから施設に入れようということにもなりがちです。

しかし施設で一生を過ごすという選択はなるべくしたくないものです。

幸い世のなかは少しずつ、障害者が地域で自立して生きることに好意的になってきており、制度的な援助も整ってきています。

一生を地域で安心して暮らしていけるために、障害児は世間慣れしておくことが必要ですし、周りに協力してくれる友人をなるべくたくさん作っておくことが必要で、そうしたことが障害児にとっての生きる力になるのです。

こんなことが、障害児には保育園へ通うことをすすめる最大の理由です。

第5章　障害児保育が健常児にも学びとなること

健常児にとっての障害児保育

障害児保育が推進されることで期待できることの1つ、しかもとても大きな1つに、「幼いときから障害児と生活することで健常な子どもたちの障害児、障害者への理解が進む」ということがあります。障害児、障害者が健常児、健常者によって正しく理解されることは障害児、障害者にとってよいことであるばかりでなく、健常な側の人にとっても意味のあることです。

ぼく自身のことになりますが、娘に障害があるとわかったとき、それまで障害者運動などにかかわって障害者とおつき合いした経験があったおかげで、障害という事実を受け止めやすかったのは確かでした。

また、これはよくいわれることですが、ぼくたち自身もいつ病気や事故で障害をもつことになるかわかりませんし、高齢になれば誰でも障害をもつ可能性が大きくなるわけです。そんなとき、過去に障害者と生活を共にした経験が生かされて、生きる勇気を与えられたりするとも思うのです。

障害をもつ人たちのことを理解するには、幼児期に理解の機会をもつことが大事だと思いますが、それが実際どのように役立つかということについての調査や研究はあまり目につきません。

最近、たまたま目に止まった本があります。『幼児に対する障害理解指導――障害を子どもたちにどのように伝えればよいか』（水野智美著、文化書房博文社）というタイトルですが、読んでみると興味深い内容が書かれていました。この本を参考にして「幼児の障害理解」ということを考えてみます。

この本の冒頭には次のように書かれています。

「ノーマライゼイションの考えが世界的に広まり、障害のある人の完全参加と平等が支持されるようになった。しかし、世の中のさまざまな場面において、障害のある人に対して『障害者』というラベルを貼り、特別視をしたり、偏見をもつことが根強く存在しているのが現状である」

確かにノーマライゼーション、インテグレーション、インクルージョンなどという言葉がさかんに使われるようになり、障害者の権利についても話題になったりしているにもかかわらず世間に障害者への特別視や偏見が根強くあるのです。

障害者の社会への完全参加を実現するには障害者を取り巻く一般の人々の理解と協力が不可欠で、とくに一般の人々が障害者にどのような態度をとるかが重要な要因になるといわれています。そこで、一般の人々の理解度を知ろうとする試みがうまれるわけですが、この本の著者は幼児に目を向けました。その理由については次のように書かれています。

「障害者への偏見や差別は人が生まれながらにしてもっているのではなく、受けてきた教育、育ってきた環境等によって形成されるのである。逆に教育によって障害者に対する偏見、差別は形成されない、あるいはなくすことが可能になるのである。そのため、障害者に対する適正な態度形成を目的にした理解教育を幼児期から系統的に行うことが求められている。そこで、ここでは障害者に対する一般の人々の態度及び障害に関する幼児の認識を明らかにした上で、幼児期から必要とされる理解教育のあり方、方法、内容等について明確化したい」

そしてこの本ではまず、一般の人々の障害者に対する態度を測定したいくつかの方法を示しています。そしてその1つとして大学生たちに障害児の登場する短編小説を読み聞かせ、その話の続きを自由に書いてもらった水野・徳田両氏の研究が紹介されています。

その短編小説のあらすじは次のようなものです（「歯型」丘修三作『ぼくのお姉さん』に収録、偕成社）。

「主人公である小学五年の三人は、下校途中に養護学校に通う肢体不自由児を見かける。

その主人公に足をかけてわざと転ばせるといういたずらを思いつき、毎日のようにそのいたずらを繰り返した。ある時、そのいたずらがエスカレートしたために、言葉をうまく話すことができない肢体不自由児が主人公の一人の足にひどくかみついた。かみつかれた子どもの足が腫れ上がってしまったことによって、かみつかれたことを親や学校の教師が知ることになった。しかし、主人公の三人は自分たちのいたずらを親や教師に言えず、肢体不自由児が突然かみついてきたことにしてしまった。養護学校の教師が肢体不自由児とともに主人公の学校にやってきて、主人公のいたずらを指摘したが、それでも主人公は自分たちのいたずらを隠し続けてしまった。主人公たちは親や教師にとがめられることはなかったが、それぞれの心の中に自分たちのいたずらの後悔が残った」

この小説の後に続くストーリーとしてどんなものが書かれたかというと、ほとんどのものは主人公が反省する内容で、半数のものは主人公が肢体不自由児や学校の教師に謝りに行くストーリーになっていたということです。

また3割のものは「今後、障害者に会った時には援助したい」という気持ちを書いていましたが、その援助については「適切な援助技術を身につけずに通りすがりの障害者に援助を申し出る等、障害者が援助を必要としていない場面で不適切な援助をしていると思われるようなもの」であったと著者はいっています。

また著者はこのストーリー作りの実践から「すべての障害者は援助されるべき存在であるというステレオタイプをもっている者が多い」ことを確認できたともいいます。

こういう実践では題材として選ばれる本、このケースでいえば短編小説の内容がステレオタイプのものであれば、その答にあたるもの（この場合は作られたストーリー）がステレオタイプになってしまうことが多く、題材の選び方にも慎重である必要を感じます。

また多くの人が「障害者のことをどう思うか」とか「周りに障害をもつ人がいたらどう接しようと思うか」と聞かれたときに答えるべきステレオタイプの回答を知っているということがあります。それは子どもでさえ知っていることがあります。

交流で注意すべきこと

交流保育や交流教育の場で、健常児と障害児とのひとときの交流のあと、健常児に感想を書かせる実践などが行われるのをよく見かけますが、こういう実践も注意が必要です。子どもたちがステレオタイプの感想を書いてしまうからです。

「障害があるのにがんばっている姿を見て感動した」「障害がある子とも仲よしにしたいと思った」といった感想ばかりになることが多いようなのです。そしてこういう感想が多かったことで大人の側が「交流の成果が深められた」というふうに評価したとすればそれは、障害者と健常者との間の望ましい関係を作っていくうえでマイナスになってしまうと思われます。

障害児にはじめて出会った子どもの口からは「障害児は気持ち悪かった」とか「障害児はこわかった」「障害児とは仲よしになりたくない」といった言葉が出てきてもおかしくないと思います。はじめて会ったときに子どもたちがそうした感情を抱くのはある意味で当然なことで、その感情ははっきりと口に出して表現される方がいいのです。

そういう感情は一緒に生活するなかで徐々に薄れていき、やがて特別な感情をもたない当たり前の仲間になっていくわけです。そしてそれが、「一緒に生きる集団作り」の効果といっていいでしょう。

　交流を実践したあとで健常な子どもたちが書いた感想文がきれいごとばかりだったら、その交流は無意味だったとさえ考えてよいのではないかとぼくは思っています。

　このストーリー作り実践では、大学生の〝障害者に対する理解〟がどのようなものかが明らかにされていますが、一般市民が障害者に対してどんなふうに思っているかを調査した結果はたくさん報告をされています。その結果もこの本で紹介されているので引用させてもらいます。

　1970年とずい分昔の研究で、「女性は男性よりも障害児、者に対してより好意的な態度を示す」という結果、また「年齢が若い人の方が年長の人よりも障害児、者に対してより肯定的な態度をとる」という結果が出ています。

　障害児、者との接触経験が障害児への態度に影響するかを調べた研究はたくさんありますが、「接触経験のある人の方が障害児、者に対する態度が好意的である」という結果が出た研究と、逆に「接触経験によって障害児、者に対して非好意的態度が強まる」という結果が出た研究とがあります。接触経験が非好意的態度を強めることがあるというのはショッキングですが、健常児と障害児を接触させさえすればいいというものではなく、どのような接触であったかが問題だということを心に留めておきましょう。短時間の交流といった接触を行って、障害児のことを健常児に理解させようとか障害児と健常児を仲よしにさせようとかいった結果を求めたりすると、子どもたちは悪い印象をもったりすることもあると思うのです。

さて著者は次に「障害に関する幼児の認識とそれに影響を与える要因」について書いています。もちろん、幼児を対象にした障害に関する認識を測定した研究はとても少ないのですが、それでも「年長の幼児を対象に、車いすに関する知識及び認識を測定した研究」などはあります。年長の幼児に車いすに乗っている子どもの絵を見せて、この乗り物を見たことがあるかと質問すると約9割の幼児が知っていたということです。「車いすという名前を知っていたのは25%の子どものみ、またどのような人が使うのかと問うたところ、おじいさんとか手が悪い人とかいった本質的ではない回答が半数以上だった」と著者は書いていますが、25%の子どもが車いすという名前を知っていたのはすごいなと思いますし、おじいさん、手が悪い人などという答もなかなかのものです。共生社会が進んでいるといえるのではないでしょうか。

このほか、年長の幼児に車いすの人形を与えてその遊び方を観察した研究もあります。この研究では「幼児のほとんどは車いすの存在を知っていたが、車いすを使用している人は他者に援助をしてもらわないとなにもできない人と認識していた」という結果が出ています。

幼児期に障害児を知っておくことの意義

こうしたさまざまな研究などを通して、著者は幼児期に障害理解指導が必要である理由を次のように述べています。

「幼児期になると、自分と身体的に違う特徴のある人を街の中、テレビ、絵本等で見かけた場合に、自分との違いに気づくようになる。すなわち、幼児期は自分の性別、手足や指の数、髪の毛の色、肌の色等の身体的特徴を認識できるようになると同時に、自分と違う特徴のある者に関心を示したり、疑問を感じたり、違和感をもつようになる時期である。健常者が障害者を避けるのは『障害者（新奇刺激）をずっと見ていたいという欲求と見てはいけないというルールを守ろうとする欲求の間に生じる葛藤の不快さに原因がある』とするLanger et al（1976）の新奇刺激説に基づいて考えると、自分と違う特徴のある人（新奇刺激）に関するファミリアリティを高め、新奇性を低めることによって、障害者を避ける行動を減少させることができるのである。

したがって自分との身体的な差異に気づく幼児期に障害者の存在を直接的あるいは間接的に知り、また障害者を見慣れることによって、幼児は障害に関する新奇性を低め、成長した後にも障害者を避ける行動を軽減することができる。これが幼児期に障害理解教育を開始すべき大きな理由である」

大人になってはじめて障害者と出会うとどういうふうに接していいかわからず、なんとなく避けてしまうという態度をとる人は多いものです。「どういうふうに話したら失礼にならないだろうか」「手助けをするほうがいいのか。手助けなんて失礼に当たるのだろうか」などといろいろなことを考えてしまうのでギクシャクするのです。

ぼくは障害をもった娘と出歩くことが多く、障害児、障害者とのつき合いもとても多いのですが、街で障害児とその家族に出会ったときどういうまなざしで見たらいいかを意識してしまってとまどうこともあります。

その点、子どもは率直です。「○○ちゃん、お手々はどうしたの」とか「車いすに乗せてよ」などと障害児にも自由に問いかけたり希望を述べたりすることができるのです。

そしてこういうふうに率直に問いかけたりできることによって、簡単に仲間になれるわけです。

著者はまた次のようにもいいます。

「幼児は障害者を見かけた際にしばしば障害に関する疑問を親や保育者に伝えてくることが確認されている。その際に大人が子どもに障害に関してネガティブな感情を抱かせる発言をすることによって、子どもの成長後にネガティブな感情が残る可能性が指摘されている。また、大人が子どもの疑問や発言を無視したり、とがめたり、子どもが納得する説明を行わない場合にも、子どもは障害を『避けるべきもの』『口にしてはならないもの』『見てはいけないもの』と学習してしまい、障害に関するファミリアリティを高めることができない。この思いから考えても、障害に関する疑問を感じ始める幼児期に適切な障害理解指導を開始しなければならないのである」

子どもが障害児に対して正しい理解ができるためには、周りの大人の発言が重要な役割を果たすことを保護者としても肝に銘じてほしいと思います。

著者は幼児期からの障害理解教育が必要な理由をもう1つあげていますが、これもぼくが思っていることと一致しているので引用させてもらいます。

「障害理解とはさまざまな特徴のある人がそれぞれの持ち味を活かして生活できる共生社会を目指すものであり、一人ひとりが人間を評価するものさしを多様化させることが求められている。そもそも幼児期は、価値感を多様化させていくことが求められる時期であり、その点で自分とは違う特徴のあるさまざまな人の存在を知り、多様な価値感を育む基盤を作っていくことが重要となる」

保育所という集団のなかで、子どもたちは世のなかには障害児もふくめていろいろな人たちがいることを知り、さまざまな価値感があることを学べるのです。

ぼくたちの社会は多様な人がいて、その多様な人たちが折り合いをつけて生きてゆく社会です。それは助け合って生きていく社会であり、たとえば〝待つ〟ということが必要な社会でもあるのです。

早く進んでいくことができる人が、ゆっくりくる人を待てるということがこの世のなかでは絶対に必要で、その待てる心というものは幼児期の集団保育のなかで育つのです。

この本の著者である水野さんは、幼児に対する障害理解指導の実践例として「車いすの人形」を使った指導をあげ、この指導では十分な成果があがらなかったといいます。水野さんはそれにかわるものとして、すぐれた絵本を読み聞かせることによる指導を進めていますが、百聞は一見に如かず、健常な子どもたちは障害児と生活することによってこそ多くのものを学べると思うのです。障害児保育は健常児のためにもなるということです。

第6章　さまざまな障害と保育

ここからはさまざまな障害について解説し、そうした障害のある子どもを保育するうえでどんなことに留意すればよいかを考えてみます。

さまざまな障害について知ろう

（1）視覚障害

視覚というのはものを見たり、色を感じたりする機能のことで、こうした機能に障害が生じている場合が視覚障害と呼ばれます。

視覚障害の判定には主として視力と視野が問題にされます。視力については両眼での矯正視力が0・3に達しないものを視覚障害といい、全盲と弱視に大きく分かれます。

全盲にも程度があって、視力機能が完全になくなり明暗の識別も不可能という絶対盲、なんとか明暗が識別できる光覚盲、かすかに視力があって色彩の区別ができる色覚盲、目の前で手を振るとその動きがわかる手動盲などがあります。

また失明した時期によって、全盲は先天性の失明と途中失明に分けられます。先天性の失明の場合、ものを見たという経験がありません。

途中失明ですと、以前にものを見た経験を生かすことができます。ただ5歳くらいまでに失明した途中失明の場合は、ものを見た記憶が失われていることが多いとされます。

弱視の方は視力がいくらか残っているもので、これも重度弱視と軽度弱視に分けられます。

重度弱視は両眼での矯正視力が0・04に達しないものです。近くにいる人の顔は見分けることができ、歩行などにあまり支障がありません。ふつうの文字の読み書きが大変で点字を用いた方がよい場合もあります。

軽度弱視は両眼での矯正視力が0・04から0・3未満の場合です。ふつうの文字の読み書きができますが、拡大鏡の使用などが必要な場合もあります。

視覚障害の原因については、全国の盲学校を対象にした調査があります。2000年に行われた調査では対象生徒3、965人のうち先天性のもの50・74%、原因不明16・47

%、未熟児網膜症等の中毒14・73%、糖尿病などの全身病8・37%、腫瘍5・30%、外傷2・95%、感染症1・44%でした。先天性のものが多いことがわかります。

先天性の眼の病気としては小眼球、白内障、緑内障、未熟児網膜症などがあります。

小眼球は目が全体として小さいものです。

白内障は水晶体が白く濁る病気で、生まれつき濁っている場合と外傷（刺し傷など）によって濁ってくる場合とがあります。

緑内障は眼圧が高くなる病気で、高い眼圧のために目が大きくなることがあります（牛《ぎゅう》眼《がん》と呼ばれます）。早期に手術をして眼圧を下げる必要があります。

未熟児網膜症は未熟児用の保育器のなかの酸素濃度が高すぎたために、網膜に出血、剥離などが起こったもので1970年代に多発しました。

出生後に起こる目の病気としては、身体にビタミンAが不足すると結膜乾燥といわれる状態が起こることがあります。この状態ははしかや重度の胃腸炎などのときに起こることがあり、進行すると失明することもあります。

網膜芽細胞腫は子どもの網膜に発生するガンです。

視覚障害の子どもを保育するうえで気をつけたいことは、子どもが積極的に活動していけるように手助けをする必要があるけれど、危険は避けなければいけないということです。

視覚障害の子どもは、歩いていてなにかにぶつかったり、つまずいたりするような経験を重ねると歩くことにも消極的になります。室内や園庭を点検して、子どもがぶつかりそうなものやつまずきそうな物が置かれていないか、つまずきそうな段差がないかなどを調べておかねばなりません。

次に、子どもというものは周りの大人や子どもの生活ぶりを見てそれを真似し、そのことでさまざまな行動のしかたを学ぶのですが、視覚障害の子どもは真似ができにくいということがあります。そこで大人が手をとって衣服の着脱、食事のしかたなど教えてやらねばなりません。

視覚障害の子どもは手指運動の発達や言語発達が遅れがちです。

手指の操作については、物をつかんだり手で引いたり押したり投げたりすることを訓練したいものです。また手でさわって物の名を当てさせるといったゲームなどもしてみてはどうでしょうか。

言葉については、たとえば物の色のように目で見えない限り理解できにくいものがあります。

そういったものを子どもが理解できるには工夫して説明を重ねていくことが必要です。

視覚障害の子どもの訓練をどのようにするかは、やはり専門家の助言を得ることが必要です。

しかし子どもというものは、一緒に生活をしているうちに障害をもつ子どものこともなんとなくわかっていき、どうつき合っていったらいいか理屈でなく体得していくものです。

目が見えないということがどういうことなのか、目の見えないお友だちにはどう手助けをしたらいいのかがわかっていくのです。

そしてそういう仲間の関係ができていくなかで、視力障害の子どもも生活する力を身につけていきます。大人があれこれ手を出し口を出すのが必ずしもよいとは限りません。子どもたちが自発的に目の見えない子を含んだ集団づくりをしているのをじっと見守ってやることも大切です。

（2）聴覚障害

聴覚障害というのは、なんらかの原因によって聞く力が不十分であったり、まったく聞こえなかったりする状態のことです。

聴覚を司る器官は耳で、それは外耳、中耳、内耳の3つの部分で構成されています。外からの音は外耳部で耳介によって集められ、外耳道を経て中耳部の鼓膜に伝わります。鼓膜に達した音は耳小骨を経て内耳部の蝸牛に伝わりますが、ここで音は電気的インパルスに変換されます。この電気的インパルスは、聴神経から聴覚伝導路を通って大脳皮質にある聴覚部に伝えられます。聴覚部で音と認識されるのです。

聴覚障害はこれら聴覚器官、聴覚中枢のどこかに病気があって聞こえに支障が生じている状態です。

聞こえの状態は、両耳の聴力を測定してその聴力損失値がどのくらいかで判断されます。聴力はデシベル（dB）で示されますが、デシベルというのは音の強さ（音圧）を表す単位です。たとえば日常会話は50 dBくらいの音圧でされていますから、日常会話の聞きとりが困難な場合、50 dBの難聴ということになります。

難聴の程度は次のように区分されています。

軽度難聴—30〜50dB　はっきり話さないと聞きとりにくい
中等度難聴—50〜70dB　ふつうの会話がやっと聞こえる程度
高度難聴—70〜90dB　大声の会話がやっと聞こえる程度
重度難聴—90dB以上

また難聴は次の2種類に分けられます。
伝音難聴—鼓膜や耳小骨など、外耳、中耳の病気のため音を内耳に伝えにくいもの
感音難聴—内耳の感覚細胞、聴神経、脳の中枢のどこかに病変があるために起こるもの

伝音難聴は治療により回復することが望めますが、感音難聴になると治療の方法がないのがふつうです。伝音難聴の場合、音は「手で耳にふたをした」ときのように聞こえます。感音難聴の場合は、音が小さく聞こえたりゆがんで聞こえたりします。

伝音難聴と感音難聴が併発している場合もあり、混合難聴と呼ばれます。

難聴には先天性のものと後天性のものがありますが、先天性のものとしては聴覚組織の奇形や妊娠中の風疹感染によるものなどがあり、後天性のものとしてはおたふくかぜの感

染、頭部外傷、薬の副作用によるものなどがあります。

聴力が40～50dBになると、補聴器をつけるのがよいとされています。しかし、100dBを越えるような重度の難聴の場合は、補聴器の他人工内耳によって聴覚を補うことを考え、さらに手話、指文字などを使ってのコミュニケーションを考えていかねばなりません。

補聴器について紹介しておきましょう。

子どもたちが使用する補聴器には次のようなものがあります。

①　ポケット形

補聴器を入れるポケットのついた補聴器帯を子どもの胸につけ、そのなかに入れて使います。四角い形で補聴器本帯とイヤホンがコードでつながっています。

②　耳かけ形

耳にかける形で耳の後方に補聴器があります。軽くて使いやすく子どもたちには一番使われている形です。

③　耳穴型

耳のなかにすっぽり入る形で、使う人の耳の形に合わせて作ったものを使います。難聴の程度の高い子どもには不向きです。

④　骨導形
耳の後方に特殊なイヤホンを当てて、骨に音を伝える補聴器で耳の穴がふさがっている子どもが使います。

⑤　人工内耳
これは補聴器を耳の近くに埋めこむ手術をし、電極を内耳のなかに入れて、音刺激を直接聴覚神経に伝える装置です。聞こえる音の高さに制限がありますが、補聴器より確実に聞こえるという利点があります。しかし頭に衝撃を当てないよう気をつける必要があるといった問題点もあります。

聴覚障害の子どもは乳幼児期に難聴が発見されることが多く、たいていの子どもは医療機関に通い専門家の指導を受けているのがふつうです。

保育をする場合には、子どもの医療や訓練に当たっている医師や専門家と連絡をとって、保育園ではどう対応したらいいか話し合っておくのがいいと思います。

聴覚障害の子どもにとって大切なことは、その子が要求するコミュニケーション手段を尊重することといわれます。これはトータルコミュニケーションといわれ、早期の聴覚活用に加えて、何歳からどんな「視覚的手段」を使うのかについては、1人ひとりの子どもに応じて決めていく方法です。この方法の詳細については、専門家に教えてもらう必要があります。

（3）肢体不自由

肢体というのは上肢、下肢、体幹のことです。肢体不自由とは肢体の運動機能に障害があり、それが固定してしまったものです。

肢体不自由の原因になる病気は次のようなものがあります。

脳の病気─脳性麻痺、脳外傷後遺症、脳血管障害
背骨や脊髄の病気─二分脊椎
神経、筋の病気─ポリオ、進行性筋ジストロフィー、重症筋無力症
骨の病気─骨形成不全、胎児性軽器形成異常、ペルテス病
関節の病気─先天性股関節脱臼

これらの病気のなかで最も多いのは脳性麻痺です（CPとも呼ばれます）。

脳性麻痺というのはお母さんの胎内にいる間から出生後4週間までの間に脳に病変が起きて、そのため肢体不自由になった状態をいうのがふつうです。

しかし専門家の間でも意見の相違があって、7歳くらいまでに起こったものも含めようという人もいます。

脳性麻痺はその動きにくさのタイプによって、いくつかの型に分けられています。

① 痙直型

筋肉がリラックスしなければならないときに力がうまく抜けないタイプです。たとえば腕を曲げようとするときには屈筋群が収縮すると同時に伸筋群がリラックスしなければ伸びませんが、それがうまくできません。ブレーキをかけたまま自動車を動かすようなものといわれます。

このタイプの子どもは素早い動作をするのが苦手です。

② アテトーゼ型

筋肉をコントロールすることがむずかしいタイプです。筋肉の緊張が変化しやすいのです。そのため細かい動作が苦手です。また姿勢を保つことも苦手で、ときには全身筋肉の緊張が急に抜けて、立っていたのにくずおれるように倒れてしまうこともあります。

また、意志と関係なくからだが勝手に動いてしまうことがあります。特に心理的に緊張したとき、勝手に動くことが多く、発語にも困難を伴います。

③ 失調型

酔っぱらったときのようにフラフラしてしまうタイプです。

こんなふうにタイプ分けがされているのですが、実際には2つのタイプをあわせもっていたり、ときには痙直型だと思っていたら、大きくなるに従ってアテトーゼが混じってくるというふうにタイプが変わってくることもあります。

脳性麻痺は麻痺の部位によって分類されることもあります。手足のどこの部分に麻痺があるかによって、四肢麻痺、両麻痺、対麻痺、片麻痺に分けられるのです。

四肢麻痺というのは両手両足と体幹に麻痺があるもので、麻痺のタイプとしては痙直型やアテトーゼ型があります。

両麻痺は体幹と両下肢が中心で上肢の麻痺が非常に軽いもの、対麻痺は両下肢、片麻痺は右半身または左半身の麻痺です。これらのものはタイプとして痙直型が多いのです。

脳性麻痺の場合、音声が聞きとりにくい状態（構音障害といいます）を伴うことが多く、そのほかにてんかん、視覚障害、聴覚障害、知的障害などを伴うこともあります。

訓練の問題点

脳性麻痺の子どもの多くは専門施設で訓練を受けていることが多いのですが、その訓練は子どもにとって相当つらいものであることは少なくないようです。

「障害の克服」ということが第一の目標になると、なるべく多くの時間を訓練にさきたいと思うことになります。保育園では専門的な訓練ができないから保育園は無理と親の側が思ったり、保育園の側としては「保育園で幼児期を過ごすのは子どもにとって訓練のチャンスを逃すことになって不幸では」と思ったりすることになるかもしれません。

しかし、訓練でなにかができるようにすることよりも、できなくても生きやすい環境を整える方が本当に必要なことなのかもしれません。

こうしたことについて、障害をもつ子どもの療育を長年続けた黛正《まゆずみただし》医師は次のように書いています。

「治療、教育で言われる『よくなる』ということは『何かが出来るようになる』事であり『治る』という事は『自分のことは自分で出来るようになる』事というわけです。

リハビリで言う自立は、まず①排尿・便の自立、次に②食事の自立、③移動手段の獲得が必要という事になります。

つまり、トイレぐらい一人で出来ないととても社会参加なんて無理、保育園でだって預かってくれないということになります。ズボンを一人で上げおろしが出来るか、洋式トイレでないとダメか、和式トイレでもちゃんとしゃがめるか、手摺りが必要か、大便をした後、ちゃんと紙で拭けるか、手は洗えるかといった事が問題になるのです。

食事では、介助しないとダメか、手掴みででも一人で食べられるか、スプーンや箸は使えるか、こぼさないで食べられるか、丸呑みではなくよく噛んで食べられるか、好き嫌いをいわないで何でも食べるかが問題にされます。

そして移動では、自力で移動できるか、寝返りやハイハイでしか動けないか、立って歩けるか、杖が必要か、転びやすくはないか、階段は昇れるか、手摺りは必要か、となります。

訓練をする時には、まずその子どもの機能、発達段階を評価して、目標（めあて）をたててそれに向かって訓練をします。

子ども自身が何をしたいか、何に困っているかは問題にされず、大人たちの目（まわり、社会の側）から見た異常・何が変かということに基づいた『治療』が行われています」

大人の側が子どもに対して「こうなってほしい」「こうあるべき」という像を作り、子どもの思いを抜きに訓練、治療をしてしまいがちなことを黛さんは指摘しています。そして黛さんはさらに次のようにいいます。

「『障害』は人間社会の中での『あなたと私』という人間関係の歪みでありミゾというふうに考えてみたらどうでしょう。

人間一人一人は顔かたち、性格、みんな違うものです。その違ったもの同士が、お互い欠けた部分を補い合いながら生きていくのか、それとも競争社会の中で足をひっぱり合いながら生きていくのか、つまりどんな人間関係を創りだせるかという問題になってくるのです。

『障害』は克服したり治したりするものではなく、お互いがそのミゾをうめるべく努力をしていく事が大切なのです」

「『歩けないからダメ』なのではなくて『歩けなくても良いじゃないか、そんなことはたいした問題じゃあない』と言い合える関係、社会をどうしたら築いていけるのか、という事の方がもっと大切なのではないでしょうか」

ぼくもまったく同感です。

「お互いがミゾをうめる努力をする」ということは、保育園のような場所で学べるしそういう関係性が作られていくのです。

そしてそういう成果は訓練による成果にまさると思うのです。

(4) 知的障害

知的障害は一般的な知的機能が平均よりも明らかに低い状態と定義されていますが、この定義があいまいなものであることはすでにお話しました。また、知的障害が知能指数によって軽度、中度、重度などと分けられることにもすでにふれました。

子どもが知的障害であることは、乳幼児健診であったり保護者が気づいたりすることがきっかけになってわかることが多いのですが、学校へ行く年齢になるころまでわからないこともあります。それは知的障害というものの性質上、確定診断がなかなかむずかしいからです。

知的障害の原因はさまざまですが、30~40%は原因が不明です。単遺伝子異常や先天性代謝異常のような遺伝的なものが約5%、胎生早期の異常である染色体異常や中毒などが約30%、胎生時から周産時の異常が約10%、生後の感染や中毒が約5%、環境によるもの、精神病によるものが15～20%とされています。

さまざまな障害のなかでも知的障害をもっていることは、生きていくうえで最も困難があるように思われます。たとえば働くということでいえば、目が見えなくてもできる仕事、耳が聞こえなくてもできる仕事、重い肢体不自由があっても知力を生かしてできる仕事など考えられますが、重い知的障害の子どもにできる仕事はほとんどありません。また、ぼくは20年以上にわたって障害児の普通高校進学を実現するための運動にかかわっていますが、視力障害、聴力障害、肢体不自由があっても合格に達するだけの点数がとれれば普通高校に入学できます。しかし、点数のとれない知的障害児には門戸がなかなか開かれません。また成人になって自立生活をしていこうとするときも、知的障害児は1人で生活していくことが無理なことが多いので困難を伴います。

そういう点で、知的障害の子どもは選択肢の少ない狭い生活世界のなかでずっと生きていかねばならないことが多いのです。ですから、知的障害児が広い世界で多くの人とかかわりながら生きていこうとすれば、乳幼児期から保育園のような集団のなかで生きていく経験をすることが必要だとぼくは思っています。

（5）発達障害

発達障害という概念はあいまいです。

2005年に施行された発達障害支援法では「発達障害は自閉症、アスペルガー症候群、その他の広汎性発達障害、学習障害、注意欠陥多動性障害、その他これに類する脳機能の障害であってその病状が通常低年齢において発現するもの」としています。しかし、たとえば次のように考える人もいます。「聴覚障害や視覚障害などがあってもそれだけでは発達障害とはいわないが、それらがあることによって、子どもの発達上の妨げになる事態があるとすれば、広く種々の心身の障害を含めて〝発達の障害〟の問題として考えるべきではないか」（宮本茂雄『障害児の発達と教育』学苑社、1983年）

こういうふうに発達障害のなかに非常に広範囲の障害を含めてしまう考え方は〝古い考え方〟といっていいかもしれませんが、現在発行されている医学の専門書のなかにも発達障害をこのようにとらえて記載しているものもあるのです。

発達障害という言葉があいまいなため混乱が起こっていることは確かですが、この本では発達障害支援法に合わせて、発達障害を「自閉症、アスペルガー症候群、学習障害（LD）、注意欠陥多動性障害（ADHD）の総称」と定義してお話することにします。

最初は自閉症です。

① 自閉症

自閉症の歴史にちょっとふれておきましょう。1943年アメリカのカナーという児童精神科医が、自分のクリニックで診察した何人かの子どもに共通する奇妙な特徴があることを論文で発表しました。そして1946年にその子どもたちにみられる症状をまとめて幼児自閉症と名づけましたが、これが自閉症という名称の起源です。

同じころに、オーストリアの小児科医であるアスペルガーが、カナーが報告した子どもたちに似た別の子どもたちのことを報告しましたが、アスペルガーはこれらの子どもたちを自閉精神病質と名づけました。この子どもたちはカナーの報告した子どもたちに似ているところもありますがちがうところもあるので、後にアスペルガー症候群と呼ばれるようになりました。アスペルガー症候群については後でまたお話します。

カナーが報告した子どもたちには次のような特徴がありました。

まず第一に、この子どもたちは、ほかの人との情緒的なふれあいがまったく欠けているように見えました。他人には無関心で、いつも自分の気のむくままに行動しているように見えました。集団行動が必要なときも1人で行動します。

この状態は自閉と呼ばれました。

第二に、この子どもたちには同じ状態を続けたいという強い願いがあるようでした。たとえば、どこかへ行くときはいつも決まった同じ道を通っていかないとパニックを起こしたりします。日常生活の特定の行動をいつも同じ順番でやろうとします。

第三に、特定のものに対する強い執着とそのものの特異な使い方がみられました。たとえば、ある部屋に入ったとたん、スイッチのある所にかけより、スイッチを入れたり切ったりという動作を限りなく繰り返したりします。

第四は言葉の問題で、言葉の発達にかなりの遅れがあったり、あるいはまったくしゃべらないこともあります。

しゃべる場合も「名前は何」と聞くと「名前は何」とくり返すように、いわゆる「オウム返し」をしたりします。

これらの特徴はそのまま自閉症の症状ということになりましたが、その後70年経った今も、これらの症状が自閉症の子どもの症状をいい当てているといわれます。

今はアメリカ精神医学会が出している基準が自閉症の基準として使われますが、それはおよそカナーのあげた症状を詳しくいったものと考えてよいでしょう。そのアメリカ精神医学会の基準を次に紹介します。

自閉性障害

A（1）（2）（3）から合計6つ（またはそれ以上）のうち少なくとも（1）から2つ、（2）と（3）から1つずつの項目を含む。

（1）対人的相互反応における質的な障害で、以下の少なくとも2つによって明らかになる。

（a）目と目で見つめあう、顔の表情、体の姿勢、身振りなど、対人的相互反応を調節する多彩な非言語性行動の使用の著名な障害。

（b）発達の水準に相応した仲間関係をつくることの失敗。

（c）楽しみ、興味、成し遂げたものを他人と共有すること（例：興味のあるものを見せる、もってくる、指さす）を自発的に求めることの欠如。

（d）対人的または情緒的相互性の欠如。

（2）以下のうち少なくとも1つによって示される意志伝達の質的な障害。

（a）話し言葉の遅れ、または完全な欠如（身振りや物まねのような代わりの意志伝達の仕方により補おうという努力を伴わない)。
(b) 十分会話力のある者では、他人と会話を開始し継続する能力の著名な障害。
(c) 常同的で反復的な言語の使用または独得な言語。
(d) 発達水準に相応した、変化にとんだ自発的なごっこ遊びや社会性をもった物まね遊びの欠如。
(3) 行動、興味および活動が限定され、反復的で常同的な様式で、以下の少なくとも1つによって明らかになる。
(a) 強度または対象において異常なほど常同的で限定された型の1つまたはいくつかの興味だけに熱中すること。
(b) 特定の機能的でない習慣や儀式にかたくなにこだわるのが明らかである。
(c) 常同的で反復的な衒奇《げんき》的運動(たとえば、手や指をぱたぱたさせたりねじ曲げる。または複雑な全身の動き)。
B 3歳以前にはじまる、以下の領域の少なくとも1つにおける機能の遅れ、または異常。①対人的相互作用、②対人的意志伝達に用いられる言語、③象徴的または想像的遊び。

専門的で少々わかりにくいですが、ある程度自閉症の特徴がつかめると思います。もう1つの定義を紹介します。WHO（世界保健機関）の国際疾病分類に出てくる診断基準です。

〔小児自閉症〕
次のように定義される広汎性発達障害の一型である。つまり、a. 3歳以前に現れる発達の障害または障害の存在、およびb. 相互的対人関係、コミュニケーション、限定された常同的な反復行動という3つの精神病理学上の領域のすべてにおける特徴的な機能異常の存在である。このような特異的な診断特徴に加えて、恐怖症、睡眠と摂食の障害、かんしゃく発作、(自己指向的な) 攻撃性といった、他の非特異的な問題を呈することがしばしばである。

こちらの定義は簡潔にまとめられているものの、やはりわかりにくいですね。医師で医療心理士でもある磯部潮さんが『自閉症児の特徴』を書かれていますが、それを少しまとめた形で紹介しておきましょう。

まず自閉症の子どもは、ほかの子どもとうまく遊ぶことができません。遊ぶ順番を交代するとか道具を交互に使ったりするというような遊びをするときの基本的なルールがわからないからです。

また言葉の使える自閉症児の場合、ほかの子どもを傷つけるような言葉を平気でいったりします。彼らは自分の思った通り素直にいってしまって、そういう素直さが他人を傷つけることに思い至らないのです。

また、自閉症の子どもは変化を好みません。

学校で、新しい年度になると下駄箱の位置が変わったりしますが、そうすると混乱して怒り出したりします。担任教師が変わるのも怒りの原因になったりします。こんな場合、説得しても効果はなく怒りがおさまるのを待つしかありません。

自閉症の子どもは「物を忘れることができない障害」をもつともいわれます。一般の人よりも記憶が鮮明に刻みこまれて、それでがんじがらめになってしまうようです。

好きな遊びはありますが、1人でできるものに限られ、団体競技は苦手です。ほかの人と協調して動くことが不得意だからです。

自閉症に限らず発達障害といわれる子どもの多くに共通するのは「融通のきかなさ」だ

と思われますが、それはまた後でお話します。

次にアスペルガー症候群についてお話しましょう。

② アスペルガー症候群

アスペルガー症候群はすでにお話したように、1944年にオーストリアの医師アスペルガーの報告に基づいてつけられた病名です。

しかし、アスペルガーの報告のことはずっと忘れられていました。

1981年になって、自閉症研究者であり自分も自閉症の子どもの親であるローナ・ウイングは「自閉症の診断基準の一部分にあてはまるが言語障害が極めて軽い」という子どもたちがいることに気づきました。ウイングはさらにこの子どもたちが、1944年にアスペルガーが報告した子どもたちと同じようであることを発見しました。そしてウイングはこの子どもたちをアスペルガー症候群と名づけました。このアスペルガー症候群は最近になって注目をあび、自分はアスペルガー症候群だとカミングアウトして著書を出すような人もふえてきました。

アスペルガーが最初に報告した子どもたちの特徴を紹介しておきましょう。

① 眼差《まなざ》しが物や人に向かわず、注意の喚起と生き生きとした接触を示すことがない。

② 不自然な調子で、滑稽で嘲笑を誘うような言葉がある。
③ 独得の思考で体験様式があり、大人から学ぶことができず、自己流で、関心は狭い視野または小さな断片に限られている。
④ 非常に不器用で、日常生活の基本的習慣が覚えられず、硬く滑らかでない運動で身体図式をもち合わせていないように見え、自分勝手な行動のために集団適応が困難となる。
⑤ 欲動と感情の起伏に異常な推移があり、人格に調和的に織り込まれておらず、過敏と鈍感が表裏になっている。

これもわかりにくいと思います。またアスペルガーが子どもたちを見て〝表面的〟に見える特徴を列挙したものですから、実体とは少し異なっているところもみられますが、おおむねこのような特徴をもっているのがアスペルガー症候群といってよいでしょう。アスペルガー症候群の子どもたちは知的な面では発達しますが、ここに列挙したような特徴は2歳ごろに出現した後、一生続きます。そういうこともアスペルガーは指摘していました。

そして今、アメリカ精神医学会が定めたアスペルガー症候群の診断基準は次のようなものです。

〔アスペルガー障害〕

Ａ　以下のうち少なくとも２つにより示される対人的相互反応の質的な障害

１、目と目で見つめ合う、顔の表情、体の姿勢、身振りなど、対人的相互反応を調節する多彩な非言語。

２、発達の水準に相応した仲間関係を作ることの失敗。

３、楽しみ、興味、達成感を他人と分かち合うことを自発的に求めることの欠如（たとえば、ほかの人たちに興味のあるものを見せる、もってくる、指差すなどをしない）。

４、対人的または情緒的相互性の欠如。

Ｂ　行動、興味および活動の限定的、反復的、常同的な様式で、以下の少なくとも１つによって明らかになる。

１、その強度または対象において異常なほど常同的で限定された型の１つまたはそれ以上の興味だけに熱中すること。

２、特定の、機能的でない習慣や儀式にかたくなにこだわるのが明らかである。

3、常同的で反復的な衒奇的運動（例　手や指をぱたぱたさせたり、ねじ曲げる、または複雑な全身の動き）。

4、物体の一部に持続的に熱中する。

C　その障害は社会的、職業的、または他の重要な領域における機能の臨床的に著しい障害を引き起こしている。

D　臨床的に著しい言語の遅れがない（例　2歳までに単語を用い、3歳までにコミュニケーション的な句を用いる）。

E　認知の発達、年齢に相応した自己管理能力、（対人関係以外の）適応行動、および小児期における環境への好奇心について臨床的に明らかに遅れがない。

F　ほかの特定の広汎性発達障害または統合失調症の基準を満たさない。

もう1つ、WHOの疾病分類による定義の方も紹介します。こちらはアスペルガー障害でなくアスペルガー症候群になっていることに注目してください。

〔アスペルガー症候群〕

関心と活動の範囲が限定的であり、常同的で反復的であることに加え、自閉症に特徴的なものと同じ型の相互的対人関係の質的障害を特徴とするが、まだ疾病論的妥当性の明らかでない障害である。言語や認知的発達の面において遅延や遅滞がないという点で自閉症とは基本的に異なっている。この疾患では著しく不器用であることがしばしばであり、青年期から成人期へとこの異常が持続する傾向が強い。精神病性のエピソードが成人期早期に出現することがある。

これもまた大変わかりにくい定義です。

アスペルガー障害という病名が出てきたりアスペルガー症候群という病名が出てきたりして混乱してしまいますが、その2つは同じものなのかちがうところがあるのかもはっきりしません。

アスペルガー症候群の子どもは具体的にどのような特徴をもった子どもなのかについては後で詳しくお話しますので、ここではひとまず、「自閉症のさまざまな特徴をもっているが、言語発達に遅れがみられない子どもをアスペルガー症候群と呼ぶ」というふうに考えておいてください。

③　高機能自閉症

高機能自閉症というはっきりとした診断名はありません。医学的に定義づけられた病名ではないのです。これまで、自閉症、アスペルガー症候群についてアメリカ精神医学会の診断基準やＷＨＯの疾病分類での説明を紹介してきましたが、高機能自閉症については紹介できません。アメリカ精神医学会の診断基準にもＷＨＯの疾病分類にも高機能自閉症という病名は記載されていないのですから。

しかし高機能自閉症と診断されている子どもはいますから、診断基準はあるわけです。自閉症のうち知能指数が70以上の子どもが高機能自閉症と診断されています。70以上ということは知能指数70の子どもも知能指数が１４０以上の子どもも含まれるわけで、大変幅が広いものです。知能指数70未満は知的障害とされていますから、70というのは決して高い知能を有しているのではありません。

つまり、高機能自閉症は、高い機能を有した自閉症ではなく、明確な知的障害がない自閉症を指します。そうすると、アスペルガー症候群とはどこがちがうのかということになりますが、実際にアスペルガー症候群と高機能自閉症を分けるのは困難な場合が多いといわれます。

知的障害がない自閉症の子どもで言葉の発達の遅れがあれば高機能自閉症、遅れがなければアスペルガー症候群というふうに診断がつけられているようですが、診断するお医者さんの主観が働いてしまうようです。

また自閉症からアスペルガー症候群へ病名が変わるようなこともあります。知能指数がかなり高い高機能自閉症児ですと、言葉もふつうにしゃべることができるようになる場合があるのです。そうするとその子どもは自閉症や高機能自閉症でなく、アスペルガー症候群と呼ばれるようになります。

そういうことですから、自閉症、高機能自閉症、アスペルガー症候群というふうにはっきり分けることには無理があると思われます。

そしてさらに高機能自閉症、アスペルガー症候群のどれにも当てはまらないものということで「特定不能の広汎性発達障害」という概念が出てきました。

これはアメリカ精神医学会の診断基準で次のように定義されるものです。

〔特定不能の広汎性発達障害〕

このカテゴリーは、対人的相互反応の発達に重症で広汎な障害があり、言語的または非言語的なコミュニケーション能力の障害や常同的な行動、興味、活動の存在を伴っているが、特定の広汎性発達障害、統合失調症、分裂病型人格障害、または回避性人格障害の基準を満たさない場合に用いるべきである。

たとえば、このカテゴリーには、〝非定型自閉症〟――発達年齢が遅いこと、非定型の症状、または閾値に達しない症状、またはこのすべてがあるために自閉性障害の基準を満たさないような病像――が入れられる。


これはもう、難解の極みです。医者である磯部潮さんでも次のように書いているのですから。

「専門家である私でさえも、非常にわかりづらい診断基準と言わざるを得ません。しかし、アスペルガー症候群をアメリカの精神医学会の診断基準に厳密に従って定義をすると、もれてしまう子どもが出てきて、そういう子どもにはこの病名をつけなければならないようです」

もう少し簡単に定義をすると「自閉症の特徴である、①社会性の障害（他者との交流が下手）、②コミュニケーションの障害（しゃべらない、しゃべりすぎ、オウム返しなど）、③想像力の障害（幼児期にごっこ遊びをしないなど活動レパートリーの制限）の3

つの症状のうちどれか1つを欠くもの」を非定型広汎性発達障害というわけです。

こんなふうに、自閉症の周辺にあるものをいくつかに分類すると、2つの病名のうちどっちともいえないものや重なり合ったりするものがでてきます。そこでこれら全体をまとめて自閉症スペクトラムと呼ぼうということになりました。

自閉症スペクトラムの他に、やはり自閉症とその周辺の病気の総称として広汎性発達障害という言葉もあります。しかし、この言葉よりも自閉症スペクトラムの方が呼び名としてよいと考える専門家が多く、これから広く使われることになると思います。

④　自閉症スペクトラム

自閉症スペクトラムと診断された子どもたちに共通する症状は大きくまとめれば、社会性の障害、コミュニケーションの障害、想像力の障害だというふうにすでにお話しましたがこれではわかりにくいので、具体的にお話することにしましょう。

最初にいっておきたいことがあります。自閉症スペクトラムの子どもに限らず、障害をもつ子どもを保育園で受け入れるに当たって、その子どもの病気についてたくさん知識をもっていた方がよいかどうかということです。ぼくは「ある程度は知っておいてよいかもしれないが、あまり深くは知らない方がいい」と思っています。うんと勉強すると、その病気に対する先入観をもってしまうことがあり、それはあまり好ましくないのです。

もう随分昔の話ですが、保育士さんの集会で東北地方のある村の保育士さんの発言を聞いたことがあります。

「わたしの園では障害児も普通に受け入れて保育をしています。でも村には障害について知識をもっている人がいません。お医者さんも自分は障害をあまりみたことがないからわからないといいます。参考にする本を求めようと思っても、1日がかりで町まで行ってさがさなければなりません。それで知識もないままに保育をしているんですが、それでいいでしょうか、みなさんの御意見を聞きたい」

ぼくはそのとき、集会の助言者という立場にありましたが「それはすばらしい保育ではないか。障害児として特別の目で見るのでなくふつうの入園児の1人として接し、その子と生活を共にするなかでその子のことが段々わかっていくというのが道筋として望ましいと思う」といってきました。この考えは今も変わっていません。ぼく自身の経験からもいえることがあります。

ぼくの娘はすでにお話したように障害があるけれど、小学校、中学校を普通学級で過ごし、高校は普通高校の全日制を卒業しました。その間、たくさんの先生に担任していただきましたが、娘が幸せな思いをできたのはベテランの先生が担任のときではなく、若い新人教師であったり、年はとっておられるけれど「障害児を担任したことはない」とおっしゃる先生が担任のときでした。

「わたしは長年障害児教育にたずさわってきた」といわれる先生よりも「障害児のことはなにも知らなかった」といわれる先生の方が娘にとって気楽でそれゆえ楽しい生活ができたようでした。とりわけ高校で出会ったK先生は30年ほどの教師経験をされた方でしたが「今まで障害児とつき合ったことがなかった」といわれました。しかし、担任をされた後は障害児の就学運動にもかかわられるようになり「自分の価値観が変わった」といわれました。まったく白紙の状態で娘の担任に臨まれたことがよかったのだと思います。

もちろん、障害児保育や障害児教育の経験を積んだ保育士、教師といった人たちが行う保育や教育がよくないというのでは決してありません。いっておきたいのはベテランになっても、はじめて障害児に出会ったときのような初心を忘れないでほしいということです。

精神科医の高岡健さんは、「自閉症の子どもにどうかかわるか」ということでこんなふうにいいます。

「ある時代までの自閉症の治療は、カウンセリングや遊戯療法が中心でした。なぜなら、当時の成因論が母親の養育に問題を見出すものだったからです。

脳障害説へ旋回した今日、上記の治療は基本的には捨てられています」

この部分ちょっと解説しておきましょう。

昔、自閉症の原因は、母親の子どもの育て方に問題があったからだといわれた時期がありました（今でもその説を信じている人がときどきいますが）テレビ原因説もあって、母親が子どもにテレビばかり見せて声かけをしないから自閉症になるのだという説もあったのです。

その時代には「そうした母親の育児の失敗」を補うために、カウンセリングや遊戯療法が行われたのです。しかし今、自閉症は脳の障害だということになってそうした治療法は捨てられました。そこで脳障害への治療ということになりますが、脳障害が原因といっても、推定にすぎず、脳のどこがどうなっているかわかっているわけではないので、薬や手術による治療法は採用できません。

高岡さんは「現在の『治療』は、広義には自閉症スペクトラムの特徴を把握し、得意分野を伸ばす一方で、苦手分野を少しずつ補う地道なかかわりが中心」になっている。

子どもの特徴を把握し、子どもの得意分野を伸ばすということなら医学や心理の専門家でなくても十分できます。

高岡さんは次のように助言しています。

「結局のところ、『治療』は自閉症スペクトラムを有する人たちの人生にとって、ごく一部を補う役割しか果たせないのです。だから『治療』を越えた人生のなかにこそ、ほんとうのかかわりが成立するというべきでしょう。

具体的には、家庭や学校といった子どもが生活する場所で、大人が1人ひとりの子どもに対して『興味と関心』を抱くことから、かかわりははじまります。あえて『興味と関心』という言葉を用いましたが、どんな子どもに対しても『興味と関心』のないところにかかわりは成立しません。『興味と関心』の結果見出された特徴に添って、工夫を積み重ねていければいいのです。さまざまな『治療』技法は工夫のためのヒントを提供するのですが、それ以上でも以下でもありません」

興味と関心は、子どもたちの間では友人関係を作っていく基盤になっているでしょう。

だからそんな子どもの気持ちに返って障害児に接するのがよいと思います。

それでもある程度、自閉症スペクトラムの子どもたちの特徴を知っていることは有意義だと思うのでお話します。

まず第一に、五感が非常に過敏だということがあります。しかし一方で、五感が鈍感なところも併せもっているように見えます。

その例をあげると、大声での呼びかけに反応を示さないことがある一方で、自分の好きな音なら遠くからでも聞こえたりするようです。

よく、お年寄りは自分に都合の悪い話は聞こえず、都合のいいことはちゃんと聞こえるなどといわれますが、それに似ているのかもしれません。また、ふつうの人ならこわくないような音に反応してパニックを起こすこともあります。温度変化を微妙に感じたり、他人に体をさわられるのをとてもいやがったりします。

視覚が非常に発達している場合は、見たもの全体を一度に記憶することができたりします。高層ビルの写真を短時間見ただけなのにその細部まで記憶して再現できたり、何年前の何月何日は何曜日かいい当てたりできます。後者の場合はカレンダーをまるごと記憶できる能力があるのでしょう。

視覚が発達しているために、逆に目に見えないものは理解できないといったことが起こります。それは想像力の欠如ということになるでしょう。

この想像力の欠如が第二の特徴といってよいでしょう。自閉症スペクトラムの人は思ったままを口に出し、それで相手が不快になったとしても、どうして不快になるのか理解できません。

第三に、ソーシャルスキルの欠如ということが特徴としてあげられます。

ソーシャルスキルというのは「社会的技能」と訳される概念で、生きていくための技術のことです。

この生きていくための技術が欠けていると、生きにくさ、生活のしづらさが生じるのです。

ソーシャルスキルは、言葉を介さない非言語的ソーシャルスキルと言葉を介した言語的ソーシャルスキルとに分けられます。

それぞれを具体的に示します。

（a）非言語的ソーシャルスキル

1. あいさつ—社会的な場の雰囲気を読み、それにふさわしい行動をとる。
2. 強化行動—相手の気持ちを察して、相手をよい気持ちにさせる。
3. 相互的行動—友達に親愛の気持ちを行為で表す。

4. 協力行動—遊びや仕事で協力する。
5. 非言語キュー—キューは合図のことで、視線や身振りで気持ちを伝える。
6. 歩調を合わせる—他人と歩調を合わせ、せかしたり無理強いをしたりしない。
7. 社会的フィードバックの感受性—社会的な相互作用の後、どのようにふるまうかを知っている。
8. 他人の行動の理解—相手の行動の意味や意図を理解できる。
9. 自分の影響力の認知—自分が他人からどのように思われているか、また自分の存在がどのような影響を与えるかを知っている。
10. 他人との争いの解決—攻撃的にならずに他人との争いごとを解決することができる。
11. 場の支配—その場を強く仕切らずに、仲間と関係をもつことができる。
12. 社会的回復力—人間関係で失敗しても回復することができる。
13. 自分の売り込み能力—仲間に受け入れられるように自分のイメージを作り上げることができる。

次に言語的ソーシャルスキルを具体的にあげてみましょう。

（b）言語的ソーシャルスキル

1. 自分の気持ちを伝える能力─自分の気持ちを誤解されずに正しく伝えることができる。
2. 他人の感情を読む能力─他人の気持ちを他人の言葉から読み取ることができる。
3. 仲間言葉の理解─仲間同士の特別な言葉遣いをうまく行うことができる。
4. 話題の選択を持続─いつ、どのような話題を、どのくらい続ければよいのかを知っている。
5. ユーモアの使用─適切なユーモアを会話にこめることができる。
6. 話し方の切り替え─聞き手の種類によって話し方の切り替えができる。
7. 他人の期待の感知─相手が何を知りたがっているのか、何を期待しているのかを知っている。
8. 上手な依頼─相手を傷つけないように依頼ができる。
9. 誤解の解消─言葉による誤解を解くことができる。
10. 感情調和─相手の気分をよくするような話し方をすることができる。

これがソーシャルスキルですが、これらのほとんどについては多くの大人がふつうにしていることだと思います。幼児期にはできないものが多いけれど、幼児でも生活するなかでだんだん身につけていくようなことです。

しかし自閉症スペクトラムの人たちにはこうしたことがむずかしく、そのことがほかの人にわかってもらえないためつらい思いをしているのです。

しかし、ソーシャルスキルが身についてふつうに行えている人たちには、そうしたことがうまくできない人のことをなかなか理解しがたく、こんなふうに箇条書きにしただけでは具体的にわからないでしょう。

幸いなことにこのところ、アスペルガー症候群と診断されている人たちが自分のことを書いて、それが一般の人の目にふれるというようなことがあって、とても理解しやすくなりました。

ぼく自身、これまで多くの自閉症スペクトラムの子どもたちに出会ってきましたが、彼らの奇異と思われる行動がどうして起こるのかわからないままでした。しかし当事者である人たちが書いた本を読んで驚き、そして目を開かれたのです。

自閉症スペクトラム当事者の声

自閉症スペクトラムの子どもたちと一緒に生きたいと思う人、彼らについて知りたい人はぜひ読んでください。医師などの専門家が書いた本よりもずっと役に立ちます。こうした〝当事者本〟を読んだうえで専門家の本を読めば理解が深まることうけ合いです。

今、たくさん本を書いている当事者はニキリンコさんですが、ぼくが最初に読んだのは、『自閉っ子、こういう風にできてます!』（藤家寛子さんとの共著、花風社）です。

この本はニキさんと、やはりアスペルガー症候群である藤家寛子さんの対談の形でできていますが、対談の進行役、司会役は本を出版した花風社の編集者である浅見淳子さんです。浅見さんは巻頭でニキさんとの出会いの経過などを書いています。ニキさんはかけ出しの翻訳家として出版社の編集者・浅見さんと出会い仕事をはじめたのですが、浅見さんの方は、ニキさんとつき合うことで自閉症スペクトラムがどういうものか見えてきたといいます。浅見さんはこう書いています。

「私はアスペルガーについて研究している学者さんやお医者さんではありませんが、生身のアスペルガー当事者であるニキさんを通してだんだんうっすらと、自閉スペクトラムとはどんなものなのか見えてきました。『適当』な指示が苦手で、締め切りを設定するのなら何月何日何時何分に原稿用紙何枚と指示されたほうが楽なことや、誰が出るかわからない会社の電話にかけるのは怖いけれど、私しか出ない携帯にかけるのは平気なこと、『訳者あとがき』は『なんか売れそうに書いて』みたいなあいまいな指示ではなく『こうこうこういう内容で』ときっちり指示したほうが書きやすいと感じること、『いきなり』の出来事に弱いことなど、『どうやったらニキさんを脅えさせずに仕事ができるか』という心理面については、私もじょじょにわかってきました」

これだけでも興味深い内容を含んでいます。

ぼく自身、原稿を依頼されることは多いのですが、何月何日何時何分に締切りなどといわれたら「ふざけるな」と怒ってしまうでしょう。「何日までに何枚前後で」といった指示なら、怒ることもなく、適当な枚数で書くのですが、自閉症スペクトラムの人にとってはこんなあいまいな依頼では困ってしまうのです。「適当に」というのがわからないのですね。

本文のなかではニキさんと藤家さんがそれぞれの経験を語っていますが、2人ともアスペルガー症候群だといっても、ちがうところはたくさんあります。「アスペルガー症候群の子どもはこういう子ども」というふうに決めつけてしまってはいけないことがわかります。

対談のなかからいくつか興味深いところを拾って紹介しておきましょう。

まず最初に2人とも五感がとても鋭いことが語られます。藤家さんは「雨がからだに当たると痛い」といい、ニキさんは「雨は痛くないけど風が当たると痛い」といいます。プールに入るときは腰洗い槽のなかの消毒液のにおいが強くて泣いたと藤家さんがいいます。

散発や爪切りのときも痛みを感じるし、ご飯が炊けているにおいを嗅ぐと「今日はとぎ方が1回少ない」とわかってしまうといいます。

司会の浅見さんは「自閉スペクトラムのお子さんの療育に携わる人たちは『想像できない場面で痛みを感じているかもしれない』『しかもその痛みの感じ方にはそれぞれ個性がある』と覚えておいてほしいですね」といっています。ぼくも覚えておきますが、自閉症スペクトラムの子どもを前にしてそういう想像力がいつも働くだろうかと自分の想像力が心配になります。

その後、対談では「寝返りが上手にできない」とか「たくさんの人を一度に見たら目が見えなくなった」という経験が語られます。また「目で見えないものは存在していないことになる」という例として、こたつに入っていると自分には足があるということを忘れてしまうといったことが話されます。

また「他人がいったことをそのまままっすぐに受け止めてしまう」例として「ごはん食べに行こうって誘われたらごはんだけでおかずは食べないのかと思ってしまう」とか、「今度遊びに来てね」と軽くいわれたのに軽くはうけとめず、毎日、今日は誘いがあるかと待ち続けているといったことが話されます。

この本では自閉症スペクトラムでない人は「定型発達の人」というふうに表現されていますが、両者について次のようにふれられています。

「自閉の人々と定型発達の人々との間ではかなり『身体感覚』に違いがある。両方とも『自分がふつう』と思いこんでいるゆえに、どのくらい違うかお互いにわかりにくいものがある」

確かにぼくは自分のことをふつうと思っていて、ぼくとちがう感性をもっているニキさんのような人を変わった人、特別な人と思ってしまいます。しかし、ニキさんから見ればぼくは変な人、特別な人に見えるわけです。本当はどっちがふつうかわからない、ただ多数派が自分たちはふつうだと思い、世間からもふつうと認定されているだけのことかもしれないと思ってしまいます。こんなふうに視点を変えてみたり自分を相対化してみたりすることも、障害をもつ人とつき合っていくうえでは大事なことのように思われます。

それは障害児を保育するときも同じです。自分は健常で子どもは障害があるという見方を固定しないで、自分と子どもとそれぞれに個性があるのだと考えてみることです。そしてたまたま自分は多数派に属する個性をもっており、子どもの方は少数派に属する個性をもっているのだととらえてみましょう。そして社会のなかでは、少数派はときに多数派から「異常」というラベルをはられるのだということにも気づいておきたいものです。

自閉症スペクトラムの子どもを理解する

さてニキさんの本に戻ってもう少し紹介しましょう。

ここまでに、自閉症の3つの大きな障害として社会性の障害、コミュニケーションの障害、想像力の障害があるということをお話してきましたが、想像力の障害ってどんなものかはわかりにくかったと思います。でも、ニキさんたちは具体的に語ってくれています。「想像力の障害、っていうのは『見えない前提』とか『暗黙の了解』があるのを想像することができずに、デジタルに理解してしまうってことだと思います。たとえば終電間際の駅で『3列にお並びください』って書いてあると、あと2人誰かくるまで待たなきゃいけない、って心細くなったり」

「『有料放送無料！』とか書いてあるとキャンペーン期間だってわかるまではうろたえるし。ホテルの部屋に入って『お客様の声をお聞かせ下さい』っていうカードがあると『わーっ』とか叫んで、しばらくして、なんかちがうな、って気づいたりするし」

デジタルな理解をしてしまうというのは面白い表現ですね。「3列に並んで待て」という指示を見たときは「1人なら1列で、2人なら2列で待てばよく、3人以上多数の場合は3列に並んで待て」というふうに想像力が働くのが「定型発達」の人で、アスペルガーの人はそういう想像力が働かないということです。3列が組めるようになるだけの人数がくるまで電車に乗ってはいけないと指示されているように解釈してしまうので、終電ごろに乗客が少ないと「今日はもう電車に乗れないのか」というふうに感じてしまうのですね。

「有料放送無料」はその字面《づら》どおりに見れば矛盾ですね。有料だか無料だかわからなくなってしまいます。この省略された形から「有料放送が今は無料で見られる特別な期間です。キャンペーン中ですよ」と広告する側はいっているわけで、そんなに詳しくいわなくでもみんなが理解すると予想しているのです。でも詳しくいってもらわないと理解できない人もいるということです。

「お客さまの声をお聞かせください」というときの〝声〟は口から出す音のことではなく「意見」とか「感想」という意味だというふうに多くの人にはわかるのですが、アスペルガーの人にはそういう比喩的な表現は理解できません。

この本にはニキさんのウェブサイトにのった「俺ルール」に関するエッセイも載っています。「あまりに有名な文章」と本に書かれていますが、知らない人が多いと思うのでその部分、部分を紹介します。ニキさんが、「自閉症といわれる多くの子ども」になりかわって「自分たちはこういうふうに感じている」と話してくれている文章です。これもみなさんが自閉症スペクトラムと診断されている子どもたちと接するときに役立ちそうに思います。

「自閉っつーのは何かっていうと、「閉」ていう字からも連想されるとおり、視野がすごーく狭い」とまずニキさんはいって例をあげます。

「ニワトリの好きな自閉っ子にニワトリの絵を描かせたら『先に全体のプロポーションを考えて、全身が紙におさまるように』なんてことは、なかなかやらない。『自分にとってここが大事！』『あたしにとっちゃ、これぞニワトリ！』と思えるパーツからいきなり描き始める。つまり、足が気になる子は足から、トサカが気になる子はトサカから描き始める。足のウロコを、とさかのシワを、ひたすら丹念に描き込んで時間切れ。」

視野が狭いということは、細部に注目する力が抜群ということでもあって「まちがいさがし」のパズルや「ウォーリーを探せ」が得意な自閉症児は多いとニキさんはいいます。「とにかく細部をよく見てる。戸棚の扉のチョウツガイがいたんできたから、ママが日曜大工で新しいチョウツガイに取り替えたら前のと色が違うせいかネジ穴の間隔が違うせいか音が違うせいか、自閉っ子の坊やがぴえ～んと泣いちゃったなんてことも起こりうる。

非自閉の人はチョウツガイまでいちいち見てないよなあ。でも、それをちゃんと見てるのが自閉ってやつ」

「要するに、一人一人の見ている守備範囲が狭い。自分の担当の範囲はやたら詳しく見ている。担当以外のことは驚くほど見ていない」

そしてニキさんは「見えている範囲が狭い」ということは「見のがしている情報が多い」ということであり「細部だけ見てて、背景情報を見ていない」ということは「応用がきかない」ということだといいます。

子どものころ、電信柱に登っていて「電信柱に登ってはいけない」と注意されたけれど、それが「高い所一般に登ってはいけない」ということだとは思わないで、ほかの高い所には平気で登っていたといいます。一方、電力会社のおじさんが電信柱に登っているのを見ると「悪いことをしている」と思って警察に通報したりします。

熱くなっている赤いホーロー鍋に触ろうとして「触ってはだめ」と叱られると、赤いホーロー鍋には絶対に触らなくなるけれど白や黄色の熱くなったホーロー鍋には触ろうとしてしまいます。一方、「ちょっと、赤いホーロー鍋もってきて」といわれたとき、それが熱くないホーロー鍋であっても、触ってはいけないのだからもっていくことはできません。

こんなふうに言葉をストレートに受け止めてしまって応用がきかないのです。これをニキさんは「ハイパーりちぎ」な状態と呼んでいますが、ぼくの娘も知的障害ゆえの「ハイパーりちぎ」をもっていて、それが対人関係ではマイナスになったりしています。

知的障害の子ども、自閉症スペクトラムの子どもを通して一般に「ハイパーりちぎ」はみられ、それをぼくは障害児特有の〝融通のきかなさ〟というふうに思っています。

ニキさんの本からの紹介はこのくらいにして、もう1冊の当事者本を紹介しましょう。

もう1つの当事者の声

『発達障害当事者研究―ゆっくりていねいにつながりたい』（綾尾紗月・熊谷晋一郎共著、医学書院）というこの本は、アスペルガー症候群である綾尾さんと、脳性麻痺で車いす生活をしている小児科医熊谷さんとの対話、共同体験、共同作業のなかから生まれた本です。

2人とも「障害」があるので、「障害があると世のなかを生きていくうえでどんな不便があるか、どんなことに困るか」ということを共通理解できるようです。そのことを率直にこの本で語ってくれていて、それはニキさんが断片のまま差し出したものをつなぎ合わせる感じになっている部分もあり、読んでためになると思います。

綾尾さんは、たとえば感覚について「専門家は『自閉症児には感覚鈍磨や感覚過敏がありどこに鈍磨や過敏が現れるかは人それぞれ違う』というふうに解説したりするが、実態は少しちがうのだ」といいます。

綾尾さんは「細かくて大量である身体内外の感覚が、なかなか意味や行動としてまとめあげられない状態」を感覚鈍磨ととらえられているのだといいます。

たとえば、ぼくはおなかがすいたとき、おなかがすいたという感覚だけを感じ、今おなかがすいているということがわかりますが、綾尾さんの場合はちがうというのです。まず、「ボーッとして考えがまとまらない」「動けない」「倒れそうだ」「頭が重い、フラフラする」という感覚がおしよせますが、こうした感覚が起こるのはおなかがすいたためだということがわからないのだそうです。そしてさらに「胃のあたりがへこむ」「胸がわさわさする」「胸が締まる感じがする」といった感覚が起こってきますが、それでも空腹だということがわかりません。やがて「これは空腹のせいかもしれない」と考え、そこで時計を見ると11時45分なので「ああ、これはおなかがすいたのだろう」と判断するといいます。

自分が空腹だとわかるまでに随分時間がかかるのですね。綾尾さんはなにかしゃべろうとするときも「どのぐらいの音の高さ、音の大きさでしゃべるべきか」ということを意識してしゃべらなくてはならないので大変だということです。そうなると手話を使うことの方が楽で、綾尾さんはふつうに話すことができる人なのに手話で話したりするのです。

こんなふうに綾尾さんは、多くの人とはちがっている点をあげ、ちがっているために生活をするうえでどれほど不便があるかも語ってくれています。しかし、ニキさんにしても綾尾さんにしても、本のなかで話してくれている点以外にも多くの人とちがう点をもっているはずで、それは語り尽くせないでしょう。

もちろん、わたしたちの感覚（五感など）は1人ひとりちがっていて、たとえば1つのメロディーを聞いて感動する人もいれば感動しない人もいるし、ピカソの絵を見て「偉大な作品」と思う人もいれば「子どもみたいな絵じゃないか」と思う人もいます。人それぞれではあるのですが、そのちがいが一定の範囲内におさまっていれば日常生活になんの支障もなく、その範囲を越えたちがいだと不便が生じるわけです。

こんなところで高機能自閉症、あるいはアスペルガー症候群と呼ばれる人たちのことがいくらかわかっていただけたでしょうか。実際にはこういう人たちとつき合ってみないことにはわからないものです。ぼくも、アスペルガーと診断をつけられている人たち（子どもも大人もいます）と長いつき合いをしてだんだんわかってきたというところです。

今、学校で発達障害の子どもへの教育がはじまっていますが、まだ試行錯誤の状態で定まった教育法はないようです。

保育の場でも、さまざまなきわだった個性をもつ、発達障害の子どもたちに対して、保育方法が確立してはいません。とにかくつき合ってみることです。つき合っているうちに、たとえばぼく自身とアスペルガーと呼ばれている人との感じ方のちがいがわかってくるのです。

子どもたちは大人より早くつき合い方がわかっていくようです。大人の場合、変わった人、変わった子どもという先入感をもち、自分とちがう感じ方をするのだと意識してしまうと、対応がぎこちなくなりがちです。しかし子どもたちは先入観なしでつき合うので、自然に上手なつき合い方を会得していくようです。

特別な子と考えないで、自然に受け入れ、お互いになんでも話せる間柄になること、それが保育の秘訣のように思われます。

第7章　ＬＤとＡＤＨＤ

まず学習障害について

次に学習障害と注意欠陥多動性障害についてお話します。学習障害という言葉も注意欠陥多動性障害という言葉も英語の翻訳ですが、特に注意欠陥多動性障害はとても長ったらしいですね。それで略称を使うことにしましょう。

一般に学習障害は英語の Learning Disability の略称であるＬＤが使われ、注意欠陥多動性障害は英語の Attention Deficit Hyperactivity Dysfunction の略称であるＡＤＨＤが使われていますので、これ以後、ＬＤ、ＡＤＨＤという名称でお話していきます。

ところでぼく自身はＬＤ、ＡＤＨＤを発達障害のなかに含めない方がよいと思っています。

それは自閉症スペクトラムのなかに含まれる一群の病気の特徴とＬＤ、ＡＤＨＤの特徴とでは大きなちがいがあるからで、児童精神科医のなかにも、これらは別々にした方がいいといっている人はたくさんいます。

ただ、自閉症スペクトラムの子どものなかにLDやADHDと呼ばれるような症状を併せもっている子どももいますから、LD、ADHDも発達障害のなかにまとめられる傾向があるのです。発達障害支援法のなかの定義を見ると発達障害のなかにLD、ADHDを入れていますから、ここでLD、ADHDをとりあげることにしました。

ただ、LDの方は医学的な概念というより教育的な概念であり、学校へ入ってから問題にされるものであって幼児とは関係がないといっていいのですが、一応の説明だけはしておきます。

〔LD〕

学習障害というのは「知的な遅れはないのに、読み書きだけが極端に苦手な人や計算だけが極端に苦手な人」のことをいうと考えてよいでしょう。読み書きが苦手、計算が苦手というならあてはまる人はたくさんいるでしょうが、その苦手の程度が極端だということです。

アメリカ精神学会の診断基準では、読字障害、算数障害、書字表出障害というようにわけられていますが、それを紹介しましょう。

学習障害（LD）

（1）読字障害

A 読みの正確さと理解力についての個別施行による標準化検査（標準化という一定の手続きを経て作成されたもの。教育、心理検査と表示されたものはすべて標準化されている）で測定された読みの到達度が、その人の生活年齢、測定された知能、年齢相応の教育の程度に応じて期待されるものより十分に低い。

B 基準Aの障害が読字能力を必要とする学業成績や日常の活動を著明に妨害している。

C 感覚器（外界からの刺激を感受して神経系に伝える器官であり、視覚器官、聴覚器官、嗅覚器官などを指す）の欠陥が存在する場合、読みの困難は通常それに伴うものより過剰である。

（2）算数障害

A 個別施行による標準化検査で測定された算数の能力が、その人の生活年齢、測定された知能、年齢相応の教育の程度に応じて期待されるものよりも十分に低い。

B　基準Aの障害が算数能力を必要とする学業成績や日常の活動を著明に妨害している。

C　感覚器の欠陥が存在する場合、算数能力の困難は通常それに伴うものより過剰である。

（3）書字表出障害

A　個別施行による標準化検査あるいは書字能力の機能的評価（文字を書く能力を客観的に評価すること）で測定された書字能力が、その人の生活年齢、測定された知能、年齢相応の教育の程度に応じて期待されるものより十分に低い。

B　基準Aの障害が文章を書くことを必要とする学業成績や日常の活動（例　文法的に正しい文や構成された短い記事を書くことを著明に妨害している）。

C　感覚器の欠陥が存在する場合、書字能力の困難が通常それに伴うものより過剰である。

これもむずかしい文章ですね。この基準を使って児童精神科医がどのように診断をするかといいますと次のようになります。いわゆる「読み、書き、そろばん」の3つのうちいずれか、あるいはいくつかがその人の知能に比べて著しく劣っているとき、LDと診断するということです。

もう1つ日本で作られたLDの定義を紹介しておきましょう。1999年に文部省（当時）が提示したLDの定義は次のようなものです。

「学習障害とは、基本的には全般的な知的発達に遅れはないが、聞く、話す、読む、書く、計算する、または推論する能力のうち特定のものの習得と使用に著しい困難を示すさまざまな状態を示すものである。学習障害は、その原因として、中枢神経系になんらかの機能障害があると推定されるが、視覚障害、聴覚障害、知的障害、情緒障害などの障害や、環境的な要因が直接の原因となるものではない」

これならかなりわかりやすいと思います。

いずれにしても学校生活を送るなかで、つまり学校で学習しているなかではじめて問題となるものなので、学齢以前の子どもについては学習障害という診断はつかないということです。そんなわけでこれ以上の説明はしないことにします。

ＡＤＨＤとは

〔ＡＤＨＤ〕

かつて、少し変わった子どもがいると「自閉症ぽいね」といわれた時期がありました。それが最近、少し変わった子どもは「ＡＤＨＤじゃない？」などとすぐにいわれてしまう風潮があります。

大人がほかの人から軽々しく「病気ではないか」といわれたら気分を悪くするのは当たり前ですが、子どもだって病気扱いされることが心の傷になって残ることは十分あり得ます。

ＡＤＨＤのような境界のはっきりしないあいまいな性格をもった病名については乱用される傾向がありますが、子どもたちに安易にＡＤＨＤのラベルをはりつけてしまわないよう慎みたいものです。

ＡＤＨＤについては少々詳しくお話しておきましょう。

ＡＤＨＤというのは一般には「多動な子ども」というふうに理解されています。そういう理解のしかたにも問題があるのですがそのことには後でふれるとして、まず、「多動な子どもへの医学的なまなざし」についてふれてみます。

幼い子どもというものは本来多動です。落ち着きのある子どもなんて滅多にいません。しかし今、〝極端に多動な子ども〟〝病的に多動な子ども〟と認定される子どもがいて、そういう子どもの脳には何らかの障害があるのではないかといわれるようになっています。

子どもの極端な多動と脳の障害が結びつけて考えられるようになったこと自体が随分昔にさかのぼります。その歴史を簡単にふり返ってみましょう。

1899年に、イギリスのクラウストンという人が、学齢期の子どもたちのなかに落ち着きがなく動き回る子どもたちがいることに注目し、こういう子どもたちを「多動な子ども」と呼びました。そして、大脳皮質の機能に障害があるのではないかと疑いました。しかし当時はそれを医学的に説明することができませんでした。1902年には同じイギリスのステイルという人が、脳損傷のある子どもたちに見られる落ち着きのない行動特性に注目しました。そして1917年頃になってエコノモ脳炎と呼ばれる脳炎が、アメリカで大流行し、これが「多動は脳の障害と関係があるらしい」ということを世間に広めるきっかけになったのでした。エコノモ脳炎自体は不思議なことに短期間流行して消えてしまったのですが、この脳炎にかかった子どもが治ったあと多動を示すようになったのです。それで、多動の原因が脳障害と考えられるようになりました。

1930年になって、「子どもの頭痛をなおそうとして脳刺激剤を使ったところ、頭痛と共に多動の症状のあった子どもの多動が抑えられた」という事実が報告され、多動と脳障害に関連があることがさらに強く信じられるようになりました。このとき使われた薬はアンフェタミンといいますが、これは今、ADHDの治療薬とされているリタリン、コンサータなどに似たものです。

海外ではこんな動きがありましたが、日本で多動の子どもが医学的な話題になったのはずっと後のことです。1960年代になって東大病院小児科におられた鈴木昌樹さんというお医者さんが「MBDという概念がアメリカなどでは話題になっている」と紹介されたのがきっかけだったといわれます。その時期はちょうどぼくが東大医学部に在籍していた頃でしたから、MBDという概念がもの珍しく「こんなものがMBD」「あれこそがMBD」といろいろ話題にしていたことをかなり鮮明に記憶しています。

MBDは「検査をしてもなにも異常が見つからない程度の小さな傷が脳にあって、そのためにさまざまな症状が起こるがその症状もまた大したものではない」というふうに定義されていたと記憶します。

そのさまざまな症状を具体的にいうと衝動的に行動するという多動症状のほか、細かい指先の運動がうまくできないといった症状、さらに言語障害や算数が極端に不得意というような、今なら学習障害と呼ばれる症状もふくまれていました。まさになんでもありといった感じです。

ＭＢＤは最初、微細脳損傷という訳語が使われていましたが、損傷という言葉はよくないといわれて微細脳障害という訳語に変えられました。

ＭＢＤや微細脳障害という言葉が流行した１９６０年代ごろには保育園などでちょっと不器用な子どもがいると「あの子、ＭＢＤじゃないの」と簡単にいわれたりしたものです。

１９６３年にアメリカの教育心理学者であるカークという人が、学習障害という用語を提唱しました。そして１９６０年代後半になると、ＭＢＤは多動という行動を示す子どもと学習障害を示す子どもとに分けられるようになりました。

次いで１９７０年代になると、ＭＢＤと呼ばれる子どもたちへの関心は、多動という症状よりも不注意という症状に向けられるようになりました。そして１９８０年代に入ると、不注意と衝動性が注目されることになり、注意欠陥障害という診断名が用いられるようになりました。さらに１９８０年代の後半には再び多動という症状が問題にされるようになって、注意欠陥多動性障害という診断名が採用されます。

この注意欠陥多動性障害がＡＤＨＤであるわけです。

多動という状態が、どのようにとらえられてきたかという歴史をかけ足で見てきましたが、精神科医の田中康雄さんは２００１年に著書のなかで次のようにいっています。

「いまだＡＤＨＤはその正体が捕らえきれず、日々変貌、進化し、医療関係者を悩ませ続けている分野であるといえます」（『ＡＤＨＤの明日に向かって』星和書店）

ＡＤＨＤはそういう分野であるということをまず知っておいてください。

では今、ＡＤＨＤがどんなふうに定義されているかを見ていきましょう。

アメリカ精神医学会は数年に１回、診断統計マニュアルを出版していますが、そこには精神疾患の分類がのっています。１９６８年に発行された診断統計マニュアルには「児童期の多動性反応」が取りあげられましたが、これがＡＤＨＤについて取りあげられた最初といえます。そして１９９４年に出版された診断統計マニュアル第四版にはかなり細かいＡＤＨＤの診断基準が記載されました。この診断基準は今も広く用いられていますのでこれを紹介しておきましょう。

〔注意欠陥多動性障害診断基準〕

A．（1）か（2）のどちらか

（1）以下の不注意の症状のうち6つ（またはそれ以上）が少なくとも6カ月以上続いたことがあり、その程度は不適応的で、発達の水準に相応しないもの

〔不注意〕

（a）学業、仕事、またはその他の活動において、しばしば綿密に注意することができない。または不注意な過ちをおかす。

（b）課題または遊びの活動で注意を持続することがしばしば困難である。

（c）直接話しかけられたときにしばしば聞いていないように見える。

（d）しばしば指示に従えず、学業、用事または職場での義務をやり遂げることができない（反抗的な行動または指示を理解できないためではなく）。

（e）課題や活動を順序立てることがしばしば困難である。

（f）（学業や宿題のような）精神的努力の持続を要する課題に従事することをしばしば避ける、嫌う、またはいやいや行う。

（g）（たとえばおもちゃ、学校の宿題、鉛筆、本、道具など）課題や活動に必要な

ものをしばしばなくす。
(h) しばしば外からの刺激によって容易に注意をそらされる。
(i) しばしば毎日の活動を忘れてしまう。
(2) 以下の多動性—衝動性の症状のうち6つ(またはそれ以上)が少なくとも6カ月以上持続したことがあり、その程度は不適応的で、発達水準に相応しない。
〔多動性〕
(a) しばしば手足をそわそわと動かし、またはいすの上でもじもじする。
(b) しばしば教室や、その他、座っていることを要求される状況で席を離れる。
(c) しばしば、不適切な状況で、余計に走り回ったり高いところへ上ったりする(青年または成人では落ち着かない感じの自覚のみに限られるかも知れない)。
(d) しばしば静かに遊んだり余暇活動につくことができない。
(e) しばしば〝じっとしていない〟またはまるで〝エンジンで動かされるように〟行動する。
(f) しばしばしゃべりすぎる。

〔衝動性〕
(g) しばしば質問が終わる前にだし抜けに答えてしまう。
(h) しばしば順番を待つことが困難である。
(i) しばしば他人を妨害し、邪魔する(たとえば会話やゲームに干渉する)。
B. 多動性—衝動性または不注意の症状のいくつかが7歳未満に存在し、障害を引き起こしている。
C. これらの症状による障害が2つ以上の状況において(たとえば、学校〔または仕事〕と家庭)存在する。
D. 社会的、学業的または職業的機能において、臨床的に著しい障害が存在するという明確な証拠が存在しなければならない。
E. その症状は広汎性発達障害、統合失調症、またはその他の精神病性障害の経過中にのみ起こるものではなく、ほかの精神疾患(たとえば、気分障害、不安障害、解離性障害、または人格障害)ではうまく説明されない。

これが診断基準ですが、この基準を基にしてADHDはさらに3つの型に分けられています。その3つの型は次のようなものです。

（Ⅰ）ＡＤＨＤ混合型：過去6カ月間、基準Ａ（1）とＡ（2）の両方を満たす場合。

（Ⅱ）ＡＤＨＤ不注意優位型：過去6カ月間、基準Ａ（1）を満たすが基準Ａ（2）を満たさない場合。

（Ⅲ）ＡＤＨＤ多動性―衝動性優位型：過去6カ月間、基準Ａ（2）を満たすが基準Ａ（1）を満たさない場合。

この基準を見てわかることは、ＡＤＨＤを特徴づけているものは注意欠陥、多動、衝動性という行動形態だということです。

このなかで、注意欠陥という言葉が理解しにくく、したがって誤解を招きやすいということがあるのですが、これは「不注意」といい換えるとわかりやすくなります。つまり、「注意が集中できる時間が著しく短い」とか「周りにすぐ気が散る」ということなのです。

注意欠陥という言葉のむずかしさも含めて、このアメリカ精神医学会の診断基準は少々わかりにくいところがあります。その理由としては、この診断基準は子どもから大人まで適用されるものであるため、特に幼い子どもについてこの診断基準では判断しにくいということがあります。
子どもについての診断基準としては、国際疾病分類の診断基準の方がわかりやすいと思うのでこちらも紹介しておきます。

国際疾病分類（改定十版）のADHD診断基準
（1）家庭内にみられる注意および活動の明らかな異常であり、その小児の年齢や発達段階からみても次の（I）と（II）がみとめられること。
（I）次の注意障害のうち、少なくとも3項目が存在すること。
（a）自発的活動性の持続が短い。
（b）遊技活動を完了する以前に止めてしまうことが多い。
（c）次から次に活動が替わってしまう。
（d）大人から与えられた課題に対して著しく持続性を欠く。
（e）学習中、たとえば宿題や割り当てられた読書などに、著しい注意力の散漫がみられる。

(Ⅱ)次の活動性の障害のうち、少なくとも2項目が存在すること。
(a)絶え間なく続く落ち着きのなさ(走り回ったり、飛び回ったりなど)。
(b)自発的な活動中、著しく過度にもじもじし、そわそわする。
(c)比較的温和にしているべき状況で、特に過度に動きが多い(例：食事時、旅行、訪問、教会)。
(d)座ったままでいるべきときに座っているのが困難。
(2)学校や保育所で(該当することなら)みられる注意および活動の明らかな異常であり、その小児の年齢や発達段階からみても次の(Ⅰ)と(Ⅱ)が認められること。
(Ⅰ)次の注意障害のうち、少なくとも2項目が存在すること。
(a)課題に対する過度の持続性の欠如。
(b)著しく顕著な注意力の散漫、すなわちしばしば外的な刺激に向いてしまう。
(c)選択が許されているとき、いくつかの活動間をかなり頻繁に変わること。
(d)遊技活動における持続が極端に短いこと。
(Ⅱ)次の活動性の障害のうち、少なくとも2項目が存在すること。

（a）自由行動が認められた状況下で、著しく過度にもじもじし、そわそわする。
（b）作業中、作業を離れる動きが過度なレベルでみられる。
（c）座ったままでいるべきときに席をかなり頻繁に離れる。
（Ⅲ）直接的に観察される注意あるいは活動の異常。これは、その小児の年齢や発達段階からみても過剰のものでなければならない。以下に述べる項目のいずれかがみられること。
（1）上記の基準1項または2項の状態が直接的に観察されること。すなわち、単に親や教師の情報によるものではないこと。
（2）家庭外や学校外といったところ（例：診察室や検査室）で運動における活動の異常さや課題作業から離れた行為における異常さ、または活動を持続させることにおける欠如が観察されること。
（3）注意力に関する心理検査において、明らかな作業能力の障害を見ること。
（4）広汎性発達障害、躁病性やうつ病の気分障害、または不安障害の診断基準を満たさないこと。
（5）6歳以前の発症

（6）少なくとも6カ月間の持続

（7）ＩＱは50以上

この診断基準は、症状が具体的に書かれていてわかりやすいのですが、専門医向けに作られたものという問題点があります。

たとえば「直接的に観察されること。すなわち、単に親や教師の情報によるのではないこと」と書かれているのは「専門医は、親や教師が伝える情報だけで診断してはならず、自分の目で子どもの行動を見て診断しなくてはならない」という意味です。また、「躁病性やうつ病、不安障害などを除外しなければいけない」というのも医者以外には無理な話ですね。そういうわけで、この診断基準が一般に使われていいのかどうか若干の問題はありますが、ＡＤＨＤと呼ばれているものがどんなものか具体的に知るためにはわかりやすい診断基準だと思います。そこでこの診断基準にそって解説をしておきます。

この基準では、家庭内でみられる行動特徴と集団生活のなかでみられる行動特徴の両面からとらえられているという特徴があります。

まず家庭での行動特徴から見ていきましょう。

自発活動性の持続が短いとか次から次に活動が替わってしまうなどといったことは、とりわけ幼児の場合は当たり前といっていいことで、どの程度のものを異常とか過剰とかいうのか、線引きはかなりむずかしいものです。

また〝課題に対して著しく持続性を欠く〟とか〝著しい注意力の散漫がみられる〟といった文言《もんごん》がみられますが、どの程度の場合に〝著しい〟と考えるのかは見る人によってちがいがあるので、そのちがいがＡＤＨＤと診断するかしないかのちがいにつながることもあるのを注意しなければなりません。

学校や保育所など集団生活の場でみられる行動についても、ここにあげられている多くは幼児ならば普通にみられる行動であって「過度」とか「著しく」といってもどの程度のものをそういうのかという点ではとても主観的なものになってしまいます。

実際、専門家であっても（ＡＤＨＤと判定する専門家は児童精神科医であることが多いのですが）、判定はくいちがうことがしばしばあります。

ある１人の子どもを診察して、Ａという精神科医は「この子はたしかにＡＤＨＤだ」と判定し、Ｂという精神科医は「このくらいの落ちつきのなさはこの年齢の子どもとしてはふつうといっていい。ＡＤＨＤというふうにいわなくていい」と判定するといったことがよくあるのです。

そして、「ＡＤＨＤと診断してあげればその子どもは特別扱いしてもらえるわけだからＡＤＨＤとはっきりいった方がいい」と考えるお医者さんと「大人にせよ、子どもにせよ、できることなら病気や障害といったラベルをはられない方がいい。病気や障害と判定されれば特別な援助が得られたり、特別に許されたりすることもあるだろうが、それと引き換えのように世間から偏見や差別の目で見られることになるのだから」と考えるお医者さんとがいます。

今の社会的な傾向を見ますと「ＡＤＨＤと判定されれば特別に扱ってもらえることになって本人も保護者も楽になるのだから、判定してあげた方がいい」と考える人が多いようですが、少し立ち止まって考えてみるべきではないでしょうか。

ここでは少しむずかしい話になりますが、「差異のディレンマ」という言葉を紹介しましょう。この言葉をぼくは『関係的権利論―子どもの権利から権利の再構成へ』（大江洋著、勁草書房）という本で知ったのですが、この差異のディレンマについては障害児保育を行ううえでも十分考慮すべきことだと思うのです。

一般にハンディをもつ人に対して社会がなにをすべきか、ハンディをもつ人ともたない人との間にうまれる差異をうめるにはどうしたらいいかといったことが考えられるとき、まず「ハンディをもつ人に特別な権利、特典を与えればいい」というふうに考えられます。

しかし、大江さんは「何らかの特別権を保障すればよいのかといえば、事柄はそれほど単純ではない」といい、アメリカでの障害児教育を1つの例としています。大江さんの文章を引用します。

差異のディレンマ

「障害児教育をめぐっても『差異のディレンマ』は深刻である。米国における障害児排除の歴史に触れ、ミノウは『統合教育』(障害児と健常児を一緒に学ばせること)が抱える問題の複雑さを述べている。障害児固有の必要性に注目し『手厚い障害児教育』を行うと、障害児の持つ『固有性、必要性』としての『差異』が強調され、『障害児』なる『差別的な権利』を用いて子どもを救済しなければならないというディレンマに陥る。他方、統合教育を推し進める際には、障害児への教育の『手厚さ』が失われる危険性が存在する。

ここでもディレンマは簡単には消え去らないのである。

ミノウによれば、こうしたディレンマに対して（米国における）諸法規は具体的方針を示さず、曖昧な文言のままだった」

とてもむずかしい文章ですが、書かれていることを読みとってみましょう。

障害児には知的なハンディがあるからということで手厚い教育を行うと、それは結果的に障害児は特別な子どもだという差別感を利用して手厚い教育の正当性を説明してしまうことになり、これは障害児に対する差別なのではないかというディレンマが生じます。一方、障害児もふつうの子どもなのだから健常児と同じ教育を受けるべきだという考え方で統合教育を推し進めると、手厚い教育ができなくなってしまうというディレンマがうまれます。

こうなると、障害児は特別だということで特別なことをしてしまうことが、障害児にとってかえってマイナスになるのではないかというディレンマもうまれてくるわけです。

障害児保育の場合について考えてみましょう。

手助けを必要とする園児がいたとして、その特別な手助けのために加配の保育者を１人つけようとすると、その子どもは障害児だと認定されねばなりません。まだ障害児と認定されていない子どもだったら、しかるべき機関へ行って障害児と判定してもらわねばならないわけです。

ここで障害児と判定され、その結果保育園で加配等による援助を受けたとすると、その子どもは社会的に障害児と認知されたことになりますが、これは社会学の用語ではラベリングと呼ばれます。このラベリングについて大江さんは次のように書いています。

「『特別権』という種別化が差別や偏見を助長する、という視点とは『ラベリング』問題と深く関わっている。種別化にかかわる諸概念の中で、『ラベリング』とは一般に『逸脱者』に貼られるレッテルのことである。差異や逸脱とは、本来その本人自身の中に存在しているものではない。それらは社会的に作り上げられるものである。そして作られるものであればあるほど、それらは価値中立的なものではなくなり、ついに『スティグマ』として構成されるようになる。このラベリングによる社会的圧力は非常に強固なものであり、その烙印を押された本人をも自己抑圧させるような力を持っている」

これも難解な文章ですが、意味するところを汲みとってみましょう。

ある人に対して「この人は特別だから」ということで一般の人には認められないような特別な権利を保障すると、その人に対する差別や偏見が助長されることになります。

たとえば生活保護を受ける人は「働かなくても収入が得られる」という特別な待遇を受けるわけですが、そのことと引き換えのように世間からは差別や偏見の目が注がれることが多いのです。生活保護者というレッテルがはられ、「怠けているだけではないか」とか「仮病ではないか」とか疑いの目で見られることも珍しくなく、世間は「少しのぜいたくも許さない」という監視のまなざしで見たりします。ときどき、食べ物を買うお金もないのに生活保護を受けず餓死する人がいたりしますが、ラベルをはられて監視され、差別や偏見をもって見られることに耐えられないから、生活保護を受けることを拒否したのかもしれません。ラベルをはられるのはつらく厳しいことなのです。

ラベルをはられるのは、一般に社会から逸脱しているとみなされる人です。それは逆にもいえて、ラベルをはられたら、世間から〝逸脱した人〟とみなされてしまうということでもあります。

もともと、差異とか逸脱とかいうのは社会的に作られた概念です。差異ということでいえば、人間は誰一人として同じ人はいないのですから、すべての人にちがい（差異）があります。しかし世のなかには差異と名指されて特別にとり扱われる「ちがい」が存在します。

幼い子どもを見ていると、彼らにとっては「差異」というものはないのだと思わされます。ぼくの診療所の待合室には、両親のどちらかが外国人である子どもがたくさんやってきます。大人が見れば、この子どもたちがいわゆる〝混血〟の子どもであることがわかりますが、幼い子どもたちの間にはそういう意識はまったくないようで、ふつうにうちとけて遊んでいます。もちろん、外国籍の子どもがきても、子どもたちには日本人、外国人といった差異意識はありませんからすぐ一緒に遊びだすことができるのです。大人の方はそんなふうにはいきません。「なにか失礼なことをしてしまわないだろうか」「言葉が通じなかったらどうしよう」などといろいろ考えているうちに、関係性を作る契機を失ってしまったりするのです。

障害についても同じようなことがあります。幼い子どもには「指は片手に5本あるのが正常で、4本の場合は異常だ」という意識はありません。5本の指をもった子どもが4本の指の子どもと出会ったにしても、そのちがいを意識することはないでしょう。もし、相手の子どもと自分との指の本数のちがいに気がついたとしても、5本が正常なのか4本が正常なのかはわからず、したがってそこからは差別意識などうまれません。5本を正常とし、4本は障害としたのは、5本の指をもつ人が多数派である社会の1つのきめごとなのです。もし、4本の指の人が多数の社会だったら、5本の指の人は「過剰指」などといわれて障害扱いされるでしょう。

ぼくの知り合いに片手の指が2本の人がいて、その人は先天性四肢障害と呼ばれていますが、その人に「指が2本のために特に不便なことがあるか」と聞いてみたことがあります。そしたら「特に不便なことはない」と返事が返ってきました。ただこの世のなかが、指は5本あることを前提にして作られているので、そのための不便さはあるかもしれないともいっていました。

これは左利きの人と似ているといっていいでしょう。この世のなかは、多数派である右利きの人にとって便利なように作られていくため、左利きの人にとっては若干の不便も起こるのです。しかしその不便さも大したものではないので、左利きは障害と呼ばれることがないのだと思われます。

逸脱という社会学的な概念についても同様です。社会に1つの規範があり、そこからはずれているとみなされた人が逸脱した人とされるわけですから、逸脱は社会によってうみ出されるものと考えるべきでしょう。

このように差異とか逸脱とかいうものが社会的に作られるものであるとすると、「あなたは差異をもっている」とか「逸脱している」とかラベルをはられることによって生じる社会的な圧力はとても強いものと考えられます。そして、さらにそのラベリングによってラベリングされた本人も、自分で自分をおさえつけてしまうことにもなるのです。

たとえば障害者ということになった人は、障害者らしく生きてしまったりしがちです。障害者らしく生きるというのは、自己主張をせず他人に迷惑をかけないようにと気づかいながらつつましく生きることです。

しかし、わたしはこのような生き方に賛成できません。障害者も遠慮をせずに世間に対してものを言っていかない限り、障害者の置かれた状況がよくなっていくことはないと思うからです。

ADHDというラベリング

こんなふうに考えていきますと、動きの多い子どもたちに対してＡＤＨＤという病名をラベリングすることはなるべくさけたいと思うのです。

ＡＤＨＤという概念についての知識はもっていてよいけれど、目の前の子どもにその概念を当てはめて「この子はＡＤＨＤではないか」と簡単に思ってほしくないということです。

心理療法家である岩宮恵子さんは「『発達障害』という視点が自分の臨床のなかに入ってきたとき、あまりにこの視点が強い力をもってしまい、見ようによっては、何でもかんでも発達障害に見えてきたことがある」といっています(『フツーの子の思春期』岩宮恵子著、岩波書店)。

何でもかんでも発達障害、あるいはADHDとしてしまう傾向は、今たしかにあるといってよいでしょう。

「ADHDの子どもは乳幼児期にもその特徴がみられる。だから、なるべく早期に発見して対応するのがいい」という専門家が少なくないこともあって、乳幼児期にすでにADHDと診断されることもふえています。

しかし、ADHDの乳児期の兆しは「夜泣きが多い」「カンが強い」といったことだといわれていて、こういう乳児はたくさんいますから、そのたくさんの乳児がみんな「将来ADHDになるかもしれない予備軍」とみなされることになってしまいます。

また幼児期についても「ほかの子どもにくらべて動きが多く気が散りやすいように思われる」といったことがADHDの初期症状といわれますから、とてもたくさんの子どもがこの基準に当てはまってしまう可能性があって、これは問題です。

「ＡＤＨＤは早く見つけてあげる方が子どもにとって幸せ」という立場をとる専門家の間でも「幼児期にＡＤＨＤと診断するのは慎重に」という人が少なくありません。

たとえば小児科医である柳原洋一さんは次のようにいっています。

「（ＡＤＨＤであることが）ある程度はっきりしてくるのが、保育園や幼稚園などの集団生活をはじめたころです。ほかの子どもと比べて、多動傾向・気の散りやすさなどが少々わかりはじめます。とはいってもその集団の規律の度合いによっては、多動も元気な個性、注意力欠如も好奇心おう盛と受けとられる年齢ですから、まだＡＤＨＤが大きな課題として浮かんでこないかもしれません。ＡＤＨＤが課題となるのは、社会生活に支障をきたしたときなのです。まだ大人の手に守られている乳幼児期では、ほとんど生活に支障はありません」

一般に障害というラベルは、生活に支障があってラベルが必要になったときにはればいいということはすでにお話しましたが、ＡＤＨＤというラベルも乳幼児期にははらなくていいということですね。

柳原さんはさらに次のようにいいます。

「専門医でも2～3歳でのADHD診断は困難です。この時期は、保護者としては『もしかするとADHD?』という心の準備時期かもしれません。多動な子どもを扱いにくい子として決めつけず、その子の自尊心を傷つけないように接していくことが大切でしょう。」

〝扱いにくい子として決めつけず、自尊心を傷つけないように〟というのは実践の場ではなかなかむずかしいことでしょう。またADHDと思われるような子どもに対しては「なるべくほめよ」「叱っても追いつめないように」などともいわれますが、それも容易なことではありません。

あまり考えすぎないで、ふつうの子どもの1人として自然にかかわり、つき合っていくなかでその子どもとの最善のつき合い方を見つけていくということでいいのではないでしょうか。

第8章　実践から学ぶ

1974年　町田の保育

最後に実際に障害児保育がどのように行われているか、現場を見ることにしましょう。

この本に何度も『福祉労働』という雑誌の第4号が登場しましたが、もう一度登場してもらいます。この雑誌には1974年の時点で、東京都町田市で行われていた障害児保育の様子が報告されているのですが、すでにほぼ理想的な形で障害児保育が行われています。これは単にふり返るだけでなく学ぶべき障害児保育の実践と思いますので紹介しておきます。

町田市では1973年4月の時点で、就学前のすべての障害児に地域の保育園、幼稚園で保育や教育を受ける機会を与えるため障害児保育を全国に先がけてスタートさせています。

これは小学校で「障害をもつ子どもも地域の学校で」という考え方に基づき、地域校区の普通学級で障害児を受け入れようという動きと連動して行われたところに特色があります。

障害児保育がはじまったきっかけは1人の母親からの「市長への手紙」でした。その人は障害児の親で「うちの子どもは町田市から遠く東京区内の療育園までラッシュにもまれながら通園している。市内に療育施設を作ってもらえないか」というのが手紙の内容だったのです。

それにこたえる形で1972年に療育施設ができたのですが「障害児だけの集団では個々の障害児の生活訓練はできても、人格の形成に必要な社会性を育てる面で一般幼児との触れ合いがないので、成長・発達に限界が出てくる。この限界を切り開くためには地域の保育園、幼稚園に積極的に入園させ、一般幼児集団のなかでの生活を経験させることがどうしても必要」ということで障害児保育がはじめられたのです。この頃、著書の『スポック博士の育児書』が世界的ベストセラーになったアメリカの小児科医スポックが次のようにいっていて、この言葉も障害児保育開始の後押しをしたということです。

「障害をもった子どもたちも成長すれば普通の人たちと一緒に暮していくのですからは

じめから普通の人達と同じようにスタートし、自分はみんなと同じだと考えさせるのが一番よいことです」

障害児保育をはじめるということでまず、障害児保育を希望する親・市当局、保育士が話し合いをもちました。

話し合いの内容は「障害児保育をはじめるに当たって、実施のための特別の部屋を用意したり特別の設備を設置することはできない状態だが、そのような条件のなかでどうすれば実施できるか」ということでした。

話し合いの結果「障害児保育を行うために必要なことは、担当職員を配属したり、特別の設備を設けたりすることではなく、現在の保育のなかにどうやって障害児を融合させていくかということが基本ではないか。現在の保育園の全体の保育水準を高めていくなかで、試行錯誤しながら考えていくうちに本当に必要なものが見えてくるのではないか」という考え方がまとまりました。そして保育士側の考え方をもとにして次のような形の制度化が図られたのです。

① 障害児3人に対して、保育士1名を増員配置するが、それは障害児保育担当職員ということではなく、その保育園の保育に関する労働力の充実という考え方。

② 障害児が2名以下の施設では現在の体制のなかでチームワークで対応していく。
③ 障害児保育の対象となる児童は単に法令に定めるものではなく、現実に職員の手がどのくらいかかるかによって認定する。
④ 障害児の入所については施設の体制、能力等を考えて園と協議し、同意を得られたものを措置する。
⑤ 入所した障害児の保育に必要な研修の機会を設ける。

このような形で1973年にスタートしましたが、スタートの年は市内の保育園28園のうち12園で19人が、幼稚園42園のうち7園で12人の障害児が保育をされました。そして受け入れる園の数は徐々にふえ、保育される障害児の数もふえていって、1979年の時点では23の保育園で77人、17の幼稚園で36人と100人を越える障害児が保育を受けるようになっていました。

「設備や人員を整えてから」といった姿勢でなく「ともかくはじめよう。はじめれば整備は後からついてくる」という気持ちでスタートすれば、1973年という時点でも障害児保育はちゃんとできたのだということが確認できますね。

安来市の障害児保育

次に、同じ頃にはじまって30年間の実践の後、その実践を1冊の本にまとめた島根県安来市の障害児保育を紹介しましょう。

安来市の障害児保育の特色としては次のようなものが挙げられます。

まず安来の障害児保育は、市の職員組合である市職労から大きな支援を得て展開されました。安来市の場合も、手探りの状態ではじめられたので、研修が必要でしたが、研修の制度化は市職労のバックアップで勝ち取られましたし、加配の要求、障害児専任保育士の制度化などにも市職労の力が発揮されました。

また障害児保育を充実させるうえでは保護者同士の横のつながりが必要ということで、保育士の人たちが保護者に呼びかけ「明日を育てる会」という会を結成してその活動を支えました。

こうした特色をもつ安来市の障害児保育についてその歴史を見ておきましょう。

1976年、1人の障害児を受け入れることではじまった障害児保育は翌年3カ所の公立保育所に5人の障害児が入園するというふうに拡がり、それらの保育園には加配の保育士が配属されました。体制は整ったものの障害児保育の経験がない現場ではどのように保育をすめてよいかわかりませんでした。

障害児が「できないこと」をできるようにさせようと懸命な努力をしたりクラスの活動になんとか参加させようとがんばったりしましたが、子どもとの間に楽しさを感じない日々であったと後に保育士さんの1人は語っています。

そうしたなかで、それぞれの保育園の障害児担当保育士が集っての自主的勉強会が立ち上げられ、さらにそれまでに作られていた安来市保育研究会の研修部会のなかに療育部会も作られて研修が積み上げられていきました。

研修を重ねるなかで障害児保育に対する考え方が変わっていきました。そのことについて具体的に次のように書かれています。

「障碍児保育発足当初の研修では、障碍児に焦点化しその保育のあり方を検討していくという理解のもとで進められてきたように思います。そこではまず、障碍のある子どもが周りの子どもと比べていろいろできないことがあることに目がいき、そこを引き上げることが障碍児保育だという考えを当然のことと思っていました。これは視点を変えれば、『周りの同年齢の子どもとの比較』を中心に保育の問題と考える発想だったと思います。これはまた、保護者のこれまでの保育の見方の延長線上で障害児保育を考えようとしてきためであったと思います。

だからこそ、障碍をどう考えるかという『障碍そのものの捉え方』や『子どもの見方』『子ども理解のあり方』に焦点を当てた研修が必要だったのだともいえます。それ程に、私たちの障碍児保育の取り組みは当初、未熟だったということでしょう。そして、障碍児保育は障碍児にだけ視点を置いたものではないということを学び、それまでの私たちの考えにはまるでなかった、健常な子どもとの総合保育こそが障碍児保育なのだということを学んでいったのでした。

ここに大きな視点の転換があったと思います。そしてこの視点変更を機に『子どもと保育者の相互の関係』や『子どもと周りの子どもとの関係』『その子どもを取り巻く保育所全体の関係』にまで及ぶさまざまな考え方の変更を迫られてきました。

それと同時に、研修を通して、障碍児保育は障碍に関する特別な知識をもってする保育ではなく、むしろ障碍児保育の精神は通常の保育の中にこそ生かされていくべき内容を含んでいることも学びました。これはそれまでの通常の保育の見直し、つまり設定中心の一斉型保育の見直しにも繋がる大きな視点の転換でした。

障碍のある子どもも、そうでない子どもも『みんな違った子どもでありながら、共に保育の場で過す仲間』という、いわゆる総合保育の理念を真に生かす保育のあり方はいったいどのようなものなのか、研修はどんどん広がりと深まりを見せていきました。この問いはまた、私たちの『保育士』としての専門的な力量はどこに求められるかという問いにも直結するものでした。長年の障碍児保育研修は、ですから通常保育をも含めた保育研修そのものであったのです」

障害児保育について学び考えることが通常保育を見直すことにもつながるという大事な指摘がされています。

保育に対する考え方が具体的にどのように変わったか示されていますので、それも紹介しておきましょう。

障害児保育がはじまった当初の保育に対する考え方は次のようなものでした。

（能力獲得を目指す保育）

○保育者の一方的な見方による子ども理解

○個体の問題としての捉え→未成立機能の獲得

○行動からの理解

○発達検査からの理解―客観的理解の重視

○母親指導という姿勢
○保育記録―子どもの行動記録に終始
○将来のためにという視点
○部分の見つめ
○集団としての見方
○「子どもにとって」という観点の欠如
○指導という観点
○言語的な関わり
○保育所保育の枠組み内での取り組み

こうした考え方で行われていた保育は、次のような目標設定をした保育へと変わっていきました。

（子どもの心の豊かさを目指す保育）
○子どもの気持ちをわかろうとする姿勢からの子ども理解へ
○その子どもと周囲との関係としての捉え

○子どもの内面の理解：その現われとしての行動の理解
○日常の行動観察からの理解―主観的理解の見つめ
○母親理解（家族支援）という姿勢
○子どもの内面の捉え：保育者の関わり、思いの記録
○「今を生きる」という視点
○暮らし全体の見つめ
○個としての見方
○「子どもと保育者」にとってという観点
○保育者自身の内省
○非音声言語的な関わりの重視
○保育所の枠組みを越えた生活を見据えた支援

ここに書かれている変化をまとめていえば「『～ができるようになること』を目指すのではなく、子ども1人ひとりの気持ちが前に向かうようにその子の主体性を育てる。その子の周りとかかわろうとする態度を育てることを重視する。そして子ども1人ひとりがそ

のとき、そのとき、1日1日をいかに充実して心豊かに過ごせるか、保育する側からいえば、いかに楽しく過ごさせるかということに重点をおくようになった」ということでした。

このような変化は豊かな障害児保育を実現させただろうと思われます。

また、「研修や実践の積み重ねを通してあるいは保育のなかでいくつもの失敗をくり返すことを通して、障害児にとってまた保育士にとって、障害児保育はどういうメリットがあるのかを考え、またそれらを通して保育では何が大切なのかについて気づき得た」ということで、次のようなことが列挙されています。

① 周りの子どもたちから自然なかかわりを豊富に得ることができる

健常児たちは障害児に対して望ましいモデルをたくさん提供してくれます。また、健常児たちは、障害児に対して自然体で「一緒に○○しよう」と誘いかけ、親しくかかわり、できにくいところを手伝うという関係性を見せてくれます。そして保育士が気づかないことに気づいたり、障害児の思いを代弁してくれたりもします。

こういう健常児たちとのかかわりのなかで、障害児は「周りの子どもと同じようにしたい」という気持ちを表すようになってくるのですが、これこそが障害児保育の最大のメリットだと安来の保育士さんたちはいっています。

子どもは1人で育つわけではなく、集団のなかで育ち合っていくわけですが、通園施設などですとどうしても1人の孤立した子どもが訓練をする大人との関係のなかで育っていくことになりがちです。

特別支援学校に勤める1人の教師が「特別支援学校の一番大きな問題点は、障害児だけがいてモデルを示してくれる子どもがいないということだ」といっていましたが、そのことに安来の保育士さんたちは気づいたということです。

② 統制された環境を与えることができる

障害児のなかには睡眠が不規則だったり強い偏食があったりというふうに生活のリズムが確立しにくいことが少なくありません。しかし、保育所に通うことで、日々、規則正しく統制された環境のなかで過ごすことが保障されます。そのことで生活リズムが定着し、暮らしやすい状況を生み出すことにつながったりします。それは子どもにとって、行動の見直しがつき、その子が主体的に行動し、思考力や理解力を高めることにもつながり得ます。

家庭でも規則正しく統制された環境を用意することは可能ですが、家庭ではほかの生活があるので、それがむずかしいことも多いのです。その点、保育所では、必要な運動量や活動量を確保することができ、規則正しく食事をとり、必要な睡眠時間を確保し、適時に身辺処理をしてあげることができます。

③　親の子育ての難しさを支援できる

障害児の親や家族はいろいろと悩むのがふつうです。同年齢の子どもたちにくらべて発達に遅れがみられることに悩み、そのうちよくなるだろうという期待がかなわなかったときに落胆し、変わった行動を示す子にいらだちというふうに悩みまどうのです。

そういう親たちにとって子どもを保育所で育てることを選べば肉体的にも精神的にもかなり楽になるものです。相談できる保育士や他の保護者がいるということで心がおだやかになるのです。

④　子どもの発達に真に必要なものを支援できる

このことについては安来の保育士さんが書いていることをそのまま紹介します。

「障害のある子どもにとって、その育ちや発達の道筋は通常の子どもの育ちや発達の道筋と異なる面があることは否めません。

しかし私たちは、それぞれの子どもの保育において、特別な見方が必要だとか特別な指導方法が必要だとかは考えていません（有効な方法はあるとしても）。むしろ、個々の子どもたちをしっかり見つめ、どのように対することが望ましいか、一人ひとりとの関わりにおいて理解するように努め、子どもが楽しいと感じたり、自らしようという気持ちになったり、何かに夢中になることができたり、気持ちに張りが持てたりなど、その子どもの気持ちを受け止め、理解し、それに応じる保育をしていくことこそ、私たち保育士の専門性と考えるようになっています。そうした子ども一人ひとりの思いを大事にする子育てのプロが私たち保育士なのでそういう保育士の支援を受けられることは、障害のある子どもにとって大きなメリットであると考えています」

⑤保育者の子どもを見る視点に広がりと奥行きが備わる

障害児を保育していると、思うように反応してくれない、動いてくれない、自分の意に添わないことには徹底して応じてくれない、言葉を介したコミュニケーションでは通じない、子どもの内面がわかりにくいなど、健常児を保育しているときにはあまり出会わないようなことに出会います。こうしたとき、それまで行っていた保育をそのまま行おうとしても通用しないことがあり、そうすると、かかわり方を工夫したり子どもを理解するために多面的に見たりすることが必要になります。そうした経験は保育者の子どもを見る視点を広げ、保育に奥行きを作り出すことにつながったりします。

こうしたメリットが障害児保育にあるということですが、さらに安来の保育士さんたちは長年にわたる障害児保育の経験のなかで気づいたことをいくつかあげています。これも参考になるものなので紹介しておきましょう。

① 1人ひとりを見つめることの大切さへの気づき

保育士は常日頃、健常な子どもたちの発達していく姿を見ているので、無意識のうちに健常児の平均的な発達を通して障害児を見てしまい、その結果、障害児にも背伸びさせてしまいがちです。そうすると、本来育てなくてはならない、意欲、主体性などが置きざりになってしまうこともあります。

障害児の「個を見つめた保育」も大切だということに改めて気づきましたが、「個を見つめた保育」という視点は健常児に対する通常の保育でも大事にすべきことだと確認しました。保育所では健常児といわれる子どものなかにも、乱暴な子ども、集団にうまく入れない子ども、食事に意欲がもてない子ども、ことばが遅い子どもなど気になる子どもがいますが、そうした子どもの保育に当たっても「個を見つめる」という見方をすることが役立ちます。

② 集団に合わせることが保育ではないということへの気づき

保育の場が集団生活の場であるということを意識しすぎると、障害児を集団に合わせようと強要しがちになり子どもの「したくない」という気持ちを受け止められず、その子の主体性を見失うことになりかねません。実際、保育士が集団に参加させたいという思いを優先して強く働きかけたため、子どもがパニックを起こしてしまうこともありました。

その場その場の子どもの気持ちを見つめ、その気持ちを尊重しながらどうかかわればよいのかを考え、「子どもから保育者はどう見えているか」「子どもは保育者にどのようなかかわりを望んでいるか」というように子どもの視点に立つことが大切です。

③ 生活の場としての環境をつくることの大切さへの気づき

障害児の生活を充実させていくための環境として保育所は意外に貧弱なことがあります。

スペースが画一的で多目的であるために、障害児にとってはこの場所がなにをするところかわかりにくいことがしばしばあります。必要な生活用品が身の回りのどこにあるかもわかりにくかったりします。

理解力に欠ける障害児にとって保育所の空間はとてもわかりにくい環境である場合がありますから、保育環境に工夫を加えることも必要です。

だだっ広い空間の保育室に、たたみじきのコーナーを設け、テーブル、冷蔵庫、茶戸棚、タンス、鏡台などを置き、観葉植物や鉢植えの花を飾り、押し入れにはカーテンを取りつけるなどして、気持ちのうるおう生活空間を構成してみたりするのもよいでしょう。

④　地域とのつながりの大切さへの気づき

保育所という空間はややもすると閉鎖的になります。障害児は健常児にくらべて地域のなかでの多様な経験をしていないということがあり、それが1つのハンディにもなっています。ですから障害児は地域の人々と積極的なかかわりをもつことが必要です。

「郵便局や市役所に出かける」「お使いを請け負ってショッピングセンターに出かける」「郵便屋さんやゴミ収集車のおじさんと仲良くなる」というようなことをして地域の人々と積極的なかかわりをもってはどうでしょうか。

これらは30年間にわたる障害児保育の実践のなかから出てきた貴重な提言として、広く障害児保育を実践しているところで参考にされるとよいと思います。

あとがき

２００９年7月14日の毎日新聞、「憂楽帳」という欄に次のように書かれていました。

「『働いて子どもも産んで、と言っても『健康な子ども』という条件付きですね』ダウン症の娘を保育所に預けて働く女性が言う。政府の両立支援策に話が及んだ時のことである。障害児の通う全国の認可保育所は全体（約2万２８００カ所）の３分の１以下（約７１００カ所）だ（厚生労働省調べ、07年度公私立）。原則3歳以上、夕方の延長保育はできないことも多い。介助の保育士の配置も自治体の厳しい財政状況から遅れている。

彼女は両親のサポートで働き続けているが早朝に子どもを預けたり、欠勤したりで、保育所や職場で頭を下げっぱなしだ。夫は帰宅が遅く、あてにできない。仕事と育児の綱渡りに限界を感じ退職したお母さんは多い。

障害によっては集団保育が難しい子もいるし、介助の保育士をすべての保育所に配置するにも限界がある。一方で、子に障害があれば、経済面からもやはりお母さんも働きたい。

障害のある子を育てるのは貴重な経験なのに、その力を生かす社会環境が不十分なことが残念でならない。」

本書のなかでもふれてきましたが、障害児保育が全国の保育所で広く行われるようになって30余年になります。それでもなお障害児で保育園へ入れていない子どもはたくさんいます。記事のなかで障害児が通っている保育所が保育所全体の3分の1と書かれていますが、これは指定保育園形式になっている所が多いということも影響しているでしょう。

障害児保育制度が作られるなかで、入園できる障害児に制限ができたり（集団保育が困難と考えられる重度の子どもは除くというような）、指定保育園方式がとられたりしましたが、そうした枠は差別的であるということで、制度を改めた地域（千葉市など）もあります。

30余年前、障害児保育がはじまった頃、「障害児保育はどんな人も共に生きていく社会にするための第一歩」ということで、一種の熱気のようなものがありました。その熱気が今一度とりもどされることを願います。

障害児保育について小児科医が書くことは珍しいと思います。最初、障害児保育についで書くことを依頼されたとき、保育現場とのかかわりがあまり大きくないぼくが書くことにとまどいもありましたが、身近なところで、保育園入園を阻まれている〝医療的ケアを必要とする子ども〟を見ていることもあって自分の歴史も振り返りながら書いてみることにしました。

このような機会を与えてくださった編集委員のみなさん、出版社のみなさんに感謝します。

参考文献

伊勢田亮『障害のある幼児の保育・教育』（明治図書、２００３年）

磯部潮『発達障害かもしれない』（光文社新書、２００５年）

伊藤健次『新・障害のある子どもの保育』（（株）みらい、２００７年）

大場幸夫『障害児保育』（ミネルヴァ書房、２００１年）

小山静子『戦後教育のジェンダー秩序』（勁草書房、２００９年）

榊原洋一『ＡＤＨＤのすべてがわかる本』（小学館、２００８年）

佐藤泰正『障害児保育』（学芸図書、２００８年）

曽和信一『障害児保育の現在《いま》』（柘植書房新社、１９８３年）

高岡健『自閉症スペクトラム』（批評社、２００５年）

堀智晴『障害のある子の保育・教育』（明石書店、２００４年）

毛利子来ほか編著『障害をもつ子のいる暮らし』（筑摩書房、１９９５年）

柳原洋一『アスペルガー症候群と学習障害』（講談社＋α新書、２００２年）

若井淳二『障害児保育テキスト』（教育出版、２００６年）

《著者紹介》

山田　真（やまだ・まこと）

1941年　岐阜県生まれ。
1967年　東京大学医学部卒業。
現　在　八王子中央診療所理事長。
　　　　「障害児を普通学校へ全国連絡会」世話人。

主な著書

『育育児典』（岩波書店，2007年）
『子育て　みんな好きなようにやればよい』（太郎次郎社，2008年）
『手のかかる子の育て方』（筑摩書房，2007年）
『はじめてであう小児科の本』（福音館書店，2002年）他多数。

（検印省略）

2010年3月10日　初版発行　　略称－障害児

障害児保育
－自立へむかう一歩として－

著　者　山　田　　真
発行者　塚　田　尚　寛

発行所　東京都豊島区池袋3－14－4　株式会社　創　成　社

電　話 03（3971）6552　FAX 03（3971）6919
出版部 03（5275）9990　振　替 00150-9-191261
http://www.books-sosei.com

定価はカバーに表示してあります。

ISBN978-4-7944-5039-5 C0236
Printed in Japan

組版：トミ・アート　印刷：平河工業社
製本：宮製本所
落丁・乱丁本はお取り替えいたします。

創成社保育大学新書シリーズ刊行にあたって

このたび、保育大学新書シリーズを刊行することになりました。

保育実践に関する本の数は膨大なものであります。とりわけ、保育現場の要請に応えるかたちで、実践のノウハウに関する著書がその大半を占めています。地域の子育て家庭の支援などが保育現場の重要な役割として評価をされ期待される時代ですから、この傾向は、衰えるどころかむしろ増加の傾向にあるといえましょう。そのように保育者に求められる知識や技術は実際的な生活支援という直接的な働きにとって欠かせない情報であるからでしょう。

このことを了解しながら、もう一方で、とくに最近の保育現場では、質の高い保育を求め、その質を確実に担う専門職としての保育者にも高い専門性を求められる気運が生じて参りました。折しも、本シリーズ刊行の年に、保育所保育指針が改定されました。指針が告示化され最低基準の性格をもつことになったのです。養護と教育の一体となった実践は、専門的な保育者によって、組織的で計画的な実践の営みを通して、子どもの最善の利益を護る生活の場を構築するという重要な役割であることを、これによって確認できたのです。

このような情勢を踏まえ、今回の企画は、実践の限られた世界を超えて、子どもの世界、子どもを支えるおとなの取り組みなど、幅広くそしてより深く自らの専門役割を認識し、保育実践を見据えることのできるように、興味深いテーマごとに刊行をしてまいります。

本シリーズの中から、″この一冊″を手にされ、そこに展開されるテーマの奥行きに触れるとき、新たな保育の地平線に立つご自身であることをお気づきになられるに違いありません。そのような保育大学新書シリーズとして、保育に関心をおもちの多くの皆様に、お読みいただけることを願うものであります。

大妻女子大学学長　大場幸夫